中国职业技术教育学会
智慧文旅职业教育专业委员会推荐用书

专家指导委员会主任／韩玉灵
总主编／闫向军　魏　凯
顾问／朱承强

酒店管理与数字化运营系列教材

JIUDIAN SHOUYI GUANLI

酒店收益管理

主　编　尹　萍　张立俭　张　媛
副主编　李佳龙　郑月月

北京·旅游教育出版社

图书在版编目（CIP）数据

酒店收益管理 / 尹萍，张立俭，张媛主编. -- 北京：旅游教育出版社，2022.8（2025.12 重印）

酒店管理与数字化运营系列教材

ISBN 978-7-5637-4443-5

Ⅰ. ①酒… Ⅱ. ①尹… ②张… ③张… Ⅲ. ①饭店－运营管理－教材 Ⅳ. ①F719.2

中国版本图书馆CIP数据核字(2022)第126389号

酒店管理与数字化运营系列教材

酒店收益管理

主 编 尹 萍 张立俭 张 媛

副主编 李佳龙 郑月月

总 策 划	丁海秀
执行策划	黄明秋 翦 鑫
责任编辑	翦 鑫
出版单位	旅游教育出版社
地 址	北京市朝阳区定福庄南里 1 号
邮 编	100024
发行电话	（010）65778403 65728372 65767462（传真）
本社网址	www.tepcb.com
E - mail	tepfx@163.com
排版单位	北京旅教文化传播有限公司
印刷单位	唐山玺诚印务有限公司
经销单位	新华书店
开 本	710 毫米 × 1000 毫米 1/16
印 张	12.5
字 数	220 千字
版 次	2022 年 8 月第 1 版
印 次	2025 年 12 月第 2 次印刷
定 价	49.80 元

（图书如有装订差错请与发行部联系）

酒店管理与数字化运营系列教材
专家指导委员会、顾问、编委会

2021年3月，教育部印发了《职业教育专业目录（2021年）》，将高职“酒店管理专业”更名为“酒店管理与数字化运营专业”，这是旅游职业教育呼应旅游业特别是酒店业数字化时代的标志。酒店业与信息化、数字化、智能化融合已是大势所趋，网络预订、短视频营销、直播带货、网络点评、会员系统、云PMS、移动支付、人脸识别、餐饮POS收银、网络团购、成本控制、在线点单等基本普及，信息技术和信息系统成为酒店企业日常经营的基础工具与竞争利器。中国酒店业已经从以产品和服务为中心进入了以客户为中心的时代，数字化成为酒店业发展的命脉所在，同样成为酒店管理与数字化运营专业的必修内容。

在这样的形势下，原有的高职酒店管理专业课程和教学内容留什么、改什么，数字化运营是什么、做什么，酒店管理与数字化运营专业如何建设、如何发展、如何培养人才，成为高度聚焦、深度研究的课题。在专业建设的众多课题中，我们以教材建设作为适应专业变革的突破口，有组织、有计划地进行“酒店管理与数字化运营专业”的教材建设。根据前期积累的教育教学与专业建设经验，在旅游教育出版社的大力支持下，我们组织专家团队开展“酒店管理与数字化运营系列教材”的编写与出版工作。

2020年初，也是在“酒店管理专业”正式更名之前，作为有着30多年酒店管理专业办学经验的老牌旅游院校，山东旅游职业学院已深切感到酒店管理专业应该加强形势研判、抓住机遇、赢得主动，从与专业建设密切相关的教材和课程建设入手，积极开展相关工作。学院组织包括星级酒店、连锁酒店、连锁餐饮公司、物业公司在内的22位企业总监级别以上的管理人员、酒店管理专业教学专家与学院酒店管理专业的教师共同召开专业建设研讨会，形成了全国首套酒店管理与数字化运营专业的人才培养方案、课程建设方案、教材建设方案。这套方案的课程设置与当前教育部主导的高等职业学校酒店管理与数字化运营专业教学标准的课程设置是高度吻合的，为我们牵头组织“酒店管理与数字化运营系列教材”的编写奠定了良好的基础。

2021年7月，山东旅游职业学院与旅游教育出版社共同邀请覆盖全国院校和酒店行业企业的专家团队召开研讨会，启动教材编写工作。编写专家团队分别来自济南大学、山东青年政治学院、浙江旅游职业学院、青岛酒店管理职业技术学院、郑州旅游职业学院、黑龙江旅游职业技术学院、广州番禺职业技术学院、济南职业学院、青岛职业技术学院、北京财贸职业学院、黑龙江工程学院、平顶山职业技术学院、安徽职业技术学院、烟台工贸学校、顺德职业技术学院、洛阳科技职业学院、湖南商务职业技术学院、安徽广播影视职业技术学院、贵州职业技术学院等20多所院校。全套教材的编写注重校企合作与数字化升级。我们还邀请北京歌华开元大酒店、山东舜和酒店集团、山东南郊集团、山东大厦、济南鲁能贵和洲际酒店、青岛香格里拉、广州香格里拉、杭州柏悦酒店、杭州绿云软件股份有限公司、北京云迹科技股份有限公司、广州蓝豆软件科技有限公司10余家行业企业的专家参与此项工作。在多方共同努力下，首批8种教材已于2022年面市，同系列更多新品种陆续出版，部分品种的改版修订工作也在进行中，敬请期待。

本套教材既可作为中高职旅游类专业教学用书，也可作为职业本科旅游类专业教学参考用书，同时可作为工具书供从事旅游服务与管理的企事业单位专业人员借鉴与参考。

由于本教材是酒店管理与数字化运营专业更名后的新教材，加之酒店行业数字化转型日新月异，教材编写中难免还存在缺陷与不足，恳请读者指正，我们将在再版过程中予以完善与修正。

总主编：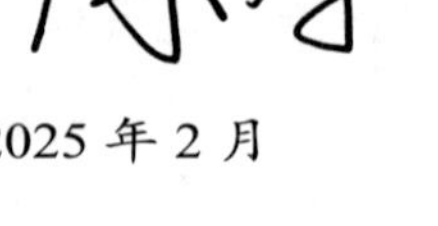

2025年2月

前言 FOREWORD

收益管理作为现代管理科学中的一个重要分支，在20世纪70年代末期，诞生于航空业，后被广泛应用于服务性行业，被视为是企业提高市场竞争力和收益的管理利器，日益受到管理者的高度重视。越来越多的管理者意识到收益管理需要“合适的人 + 合适的流程 + 合适的工具”。

酒店业作为早期应用收益管理的行业之一，伴随着日益激烈的竞争和越来越细分的市场，对具有高素质高技能的收益管理人才的需求也越来越高。

2021年，为贯彻《国家职业教育改革实施方案》，加强职业教育国家教学标准体系建设，落实职业教育专业动态更新要求，推动专业升级和数字化改造，教育部组织对《职业教育专业目录》进行了全面修（制）订。新版《目录》按照“十四五”规划和2035年远景目标对职业教育提出新的要求。高职酒店管理专业名称调整为酒店管理与数字化运营，人才培养定位更聚焦于酒店运营战略、创业思维、收益优化和数字化转型等领域，从而对调整后的专业课程和专业教材提出了更新的要求和标准。

基于以上的行业和专业变化背景，一批高职院校的骨干教师主动承担起《酒店收益管理》教材的编写工作。他们具有一线的行业经历、扎实的理论知识和丰富的教材编写经历。编写团队在数字化发展背景下，通过对收益管理的研究、实践、总结和创新，确定了教材的内容。本书从收益管理理论和实践案例入手，系统阐述了在酒店企业中收益管理的作用和具体应用方法。学习者能清晰地梳理出收益管理的原理和发展历程，掌握收益管理的基本应用方法，认识收益管理在酒店实际运营管理中的积极作用。教材主要内容分为七章，包括收益管理导论、酒店市场预测及方法、酒店客房动态定价、酒店客房的容量控制、酒店客房预订渠道的管理、酒店客房的超额预订和收益管理的其他策略，其中核心理念是充分利用酒店已有资源存量，应用价格杠杆调节供求平衡，挖掘市场潜力，并通过实现收益优化驱动利润优化。

本教材在编写体例上，充分考虑教师教学中的实际需要，结合各章内容特点设置了本章导读、学习目标、思维导图、案例导入、思考与练习等栏目，最高效地方便了教师的课堂组织。同时，教材在编写中融合了近几年行业收益管理使用的典型特色案例，贯穿在每个章节中，帮助学习者充分理解和掌握知识点；用鲜活的运营数据展示了收益管理在酒店日常运营中的使用情况和效果。

通过本书的学习，学习者能够对收益管理的基本理论、方法与工具，以及在实践中实施收益管理形成深刻的认识和理解，并能够在民宿、公寓等新业态住宿企业中加以借鉴和有效实施。

本教材适合作为国内中高职职业教育以及职业本科旅游类专业的教学用书，也可供从事酒店管理实践的中高层管理人员、收益管理人员、前厅管理人员、市场营销人员和财务管理人员等酒店从业者学习之用。

本教材虽经几次修改，但由于编者能力所限，难免还存在诸多不足之处在，敬请广大专家读者批评指正。

编　者

2022 年 8 月

目录 CONTENTS

1 第一章 收益管理导论

本章导读

当酒店经历淡季的时候，面临着需求不足的情况，管理者往往更加注重开拓市场、增加流量和控制成本；当酒店经历旺季的时候，管理者经常忙于接待，疏于对于收益的管控。实际上，管理者对于需求旺盛时收益的管控往往会助力他们的酒店获得经营上的成功。这些做法的原因之一就是传统的管理者并不理解收益管理的使用方法，也不能够完全理解其与他们的日常工作理念有可能完全相悖的收益管理策略。

本章通过论述收益管理策略在酒店行业的应用，将呈现给您酒店收益管理的发展历程和基本观点。我们希望通过对本章的内容的学习，能为你开启一段有意义的酒店收益管理之旅。

学习目标

1. 了解收益管理的发展历程及对于酒店业的启示；
2. 摆脱传统的思维模式，掌握酒店收益管理的基本观点；
3. 掌握衡量收益管理的基本指标。

思维导图

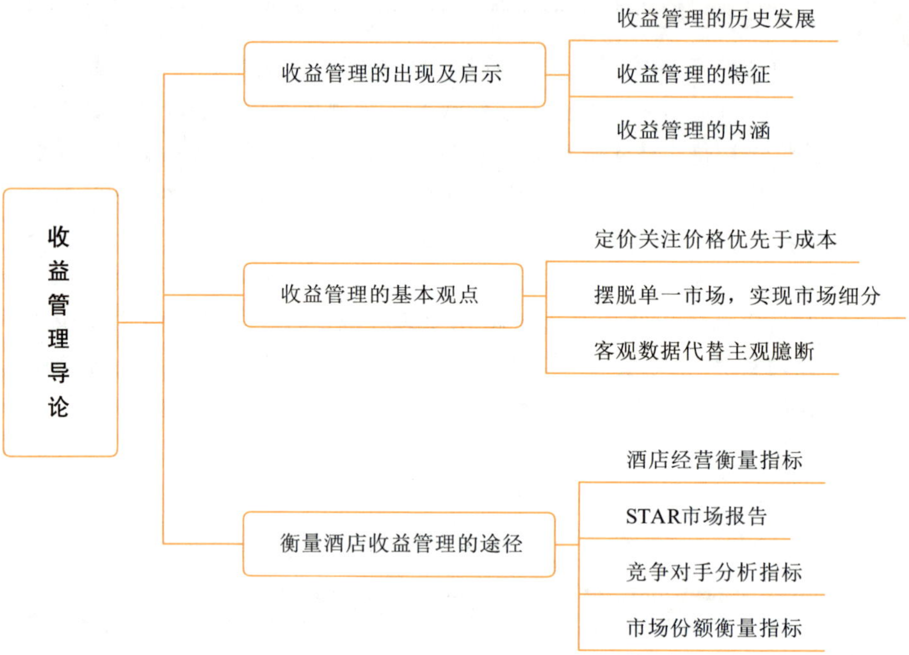

第一节　收益管理的出现及启示

虽然许多酒店专业的学生在学校的入门课程中已经了解了酒店产品和服务的演变过程，但这些课程中，收益管理的相关历史出现得较少，学生很难从中有所了解。本章我们回顾几个世纪以来收益管理是如何被应用的，以及最早的在酒店业应用的收入管理技术及其演变。而最早应用收益管理的行业是航空业，酒店行业最早应用并将其系统化的是万豪酒店集团。

一、收益管理的历史发展

（一）航空业关于收益管理的应用

1978 年以前，美国的航空业在航线和价格上受到政府和民用航空委员会的严格管制。航空公司为了获得投资的合理回报制定了较高的价格。1978 年，国会通过了《航空业解除管制法案》，这个法案解除了航空业国内航线和新业务方面的所有限制。这极大地鼓励了竞争者的出现，而其中最著名的竞争者是人民航空公司。

人民航空公司没有工会，而且只提供最基本的服务，旅客如果要求托运行李或在机上用餐则需另外付费。因此，人民航空公司的成本明显低于美国航空公司（American Airlines）和其他大型航空公司（比如联合航空公司和三角洲航空公司）。通过提供仅相当于大型航空公司票价 70% 的机票，人民航空公司的航班受到了那些尚未开发的细分市场中旅客的青睐，即对价格敏感的学生以及中产阶级的闲暇旅客，正是航空业前所未有的低票价吸引了他们坐飞机旅行。人民航空业务先是从进入需求未得到充分满足的市场开始，那里的竞争对手主要是巴士或私家车。人民航空公司在经历了 4 年的显著增长后，于 1984 年开设了纽瓦克（Newark）至芝加哥和新奥尔良到洛杉矶的航线，而这正是美国航空公司的核心市场。

美国航空公司面临的形势十分严酷。如果把票价降到和人民航空公司一样低，虽然能够保住自己的顾客市场，但将入不敷出；如果不把票价降到和人民航空公司一样低，则大部分的顾客市场将被低价竞争者吸引过去。当然，在这个解除了管制的环境里，没有什么能够阻止成功的人民航空公司向美国航空公司的所有核心市场进军。美国航空公司似乎遭遇了厄运，它唯一的选择似乎只是死得慢点还是快点。然而，美国航空公司的 CEO 罗伯特 · 克兰德尔（Robert Crandall）发起了一次反击：美国航空公司可以在低票价上与人民航空公司竞争，但同时仍然可以把一些座位以高票价卖出。

1985 年 1 月，美国航空公司公布了“超低票价”（Ultimate Super Saver Fares）计划。“超低票价”可以和人民航空公司的票价匹敌，但有两个关键的不同：

（1）“超低票价”需要的条件：乘客必须提前两周进行机票预订，而且必须在目的地的周六晚上产生住宿。如果乘客不满足限制条件只能接受较高的机票价格。

（2）美国航空公司对于航班折扣机票的数量进行了限制；以便为那些能够接受较高票价但需要紧急出行的乘客保留部分机票。

但是，在这方面人民航空公司对于折扣机票的购买没有设置限制条件。

美国航空公司的二分策略是在慎重考虑下做出的，最终证实，它是对人民航空公司挑战的完美反击。预订限制保证了绝大部分购买到美国航空公司折扣机票的乘客都是闲暇旅客，他们能够很早预订机票并且对价格比较敏感。那些较晚预订并支付全额票价的乘客则主要是商务旅客，他们对价格不那么敏感，但需要在航班起飞前最后一分钟都能订到座位。两个顾客群都更倾向于美国航空公司优质的服务而不是人民航空寒酸的服务。实际上，美国航空公司是把市场细分为闲暇旅客和商务旅客，并使用差别定价策略来对抗竞争者。

美国航空公司的价格策略为其带来了更大的竞争力。1985 年 1 月，美国航空公司宣布了新的票价结构。当年 3 月，人民航空公司濒临破产；当年 9 月，得克萨斯航空公司以不到人民航空公司一年前市值 10% 的价格将其收购。人民航空公司的 CEO 唐纳德 · 伯尔（Donald Burr）坦率地将其公司的失败归因于美国航空公司卓越的产出管理能力，他说：“我们曾有优秀的员工、巨大的价值以及良好的增长势头。我们做了很多正确的事情，但我们却没有着手开展产出管理和自动化售票。”[①]

这就是收益管理（或“产出管理”，人们在当时这样称呼它）的起源。美国航空公司的成功刺激了美国其他大型航空公司开发自身的收益管理能力。从 20 世纪 80 年代末到 90 年代，联合航空公司、三角洲航空公司和大陆航空公司等投入了数百万美元来实施收益管理系统和建立收益管理机构。由于世界航空市场逐渐解除管制，欧洲和亚洲的航空公司也开始采用收益管理。万豪酒店（Marriott）是酒店业收益管理的先行者。美国赫兹公司和国家汽车租

① 唐纳德 · 伯尔（Donald Burr）的发言，美国航空公司对决 People Express 公司的故事在 Robert Cross 的 Revenue Management：Hard-Core Tactics for Market Domination（1997）一书的第 4 章中有论述。

赁公司是汽车租赁业收益管理的先驱。PROS 和 Talus Solution 等软件商开发并且销售商业收益管理软件包。随后采用收益管理的行业包括游艇业、列车客运业以及其他行业，直至今日，上述许多行业仍在继续对收益管理进行开发和投入。

（二）收益管理的发展——酒店业收益管理的应用

位于波士顿的一家万豪酒店拥有 400 间客房，通常每周的周三、周四、周六客人会很多，这时客房即使再多一倍也会有客人入住。而每周的另外几个晚上，比如周日，客房的出租率却非常低。

这两种情形对于酒店管理者来说都是挑战，酒店管理者不仅仅要达到 100% 的出租率，还要以最合理的价格提供给客人，为酒店赢得更多的利润。因此需要将定价和房量控制结合起来使得利益最大化。在出租率高的晚上，酒店需要注意不要以低房价将客房早早地卖出；同时，还要考虑旅客居住时间的长短。有许多因公出差的客人愿意支付较高的房价但仅住一晚，但这些顾客一般又不会在几个市场需求较低的晚上入住。而在周中市场需求旺盛的时候，酒店需要以较低的价格吸引足够多的顾客，但同时也要预留一些客房给那些愿意付更多钱的人。

2003 年的时候，这家万豪酒店为了应付这些挑战，依靠的是员工手工整理的统计资料以及个人的智慧，通过这些来帮助决定最终以什么样的价位将客房提供给消费者。而制定和调整这些价格会耗费酒店更多的人工和时间。

而截至 2019 年 4 月，万豪集团拥有的 7000 家[①]酒店中很多都使用了能使企业收益最大化的自动业务处理系统 One Yield。与早期解决酒店业的这个最重要问题（使每一间客房的收益最大化）的系统不同，One Yield 最大限度地降低了价格制定过程中的主观性，它能提供给万豪员工关于某一天、某处资产应该是什么价位的建议。在许多其他酒店企业为了生计不停奔波的时候，One Yield 系统使一个资产数百亿美元的万豪酒店集团进一步拉大了它与其他酒店集团的竞争优势。

从 One Yield 上线以来，它一直在不断地为万豪集团创造价值，而且使用者对 One Yield 越来越熟悉，他们还提出了使用这个系统的新方法。One Yield 帮助万豪酒店将资产有效使用率从 83% 提高到了 91%。

随后，洲际、喜达屋等酒店也研发了自己的收益管理系统，而其他酒店品牌更多的是应用第三方的收益管理软件，比如 IDeaS、EasyRM 或者鸿鹊等。

① 美通社：万豪国际集团迎来全球第 7000 家开业酒店，https：//www.prnasia.com/story/242501-1.shtml.

图 1-1　万豪是酒店业收益管理的先行者，这是位于三亚大东海的万豪酒店

二、收益管理的特征

从收益管理发展历史来看，收益管理应用的行业是非常广泛的，它是在供应约束下的收益最大化战略。

大多数消费者和销售商都曾经历过供应约束的情况。作为消费者，无论在网络上还是在实体店中，都会遇到此商品售罄的情况，比如华为手机 P50 pro，在 2021 年 8 月 12 日开始销售，但是很多实体店黑色的 256G 款在很长一段时间内是没有货的状态，作为消费者在购买时就遇到了供应约束的情况。作为销售商，补货的时间基本是固定的，一周一次或两天一次等，在两次补货之间，销售商的供应是约束的。

除非一些特殊情况，虽然销售商手上的存货在一定时期内是有限的，但他们在设定价格时不需要考虑供应约束的问题。

因此，从收益管理的发展历程来看，收益管理的应用需要行业具有以下的特征。

1. 提供的服务和产品无法储存

这个特征是企业实施收益管理策略的动机。酒店等服务行业区别于制造业的最大特点是生产与服务的同时性，虽然菜品可以提前加工，但是其主要制作（酒店）与消耗（顾客）是同时发生的。因此，这些产品与服务是无法储存的。一般来说（不考虑日租房等情况），客房每天的销量（出租客房数）就是酒店的物理客房数，如果平均房价确定，酒店的客房收入是有上限的。同时，如果当天客房无法销售出去，这部分收入是损失掉的。酒店销售的客房不是其产权，而是空间与时间的租赁。这两个维度共同构成了客房的有形产品。而作为制造业，比如空调生产企业，它生产出来空调这个夏天没有销售出去，还可以等到冬季或者下一个夏季进行销售，它的产品是可以储存的。

除了酒店行业，汽车出租行业、停车场等行业提供的服务和产品都无法进行储存。

2. 企业的生产和服务能力受到约束，这种约束在短期内无法改变

酒店在建成之后，整个建筑面积、营业面积固定下来，相应的客房数量、餐位数量、宴会厅面积是固定的。短期内酒店想要改变营业面积是比较困难的，因此，在需求旺盛的时期，酒店很难根据市场变化扩大供给量，这时候采取收益管理策略来提高收益就变得更加重要。这也是企业实施收益管理策略的前提之一。

3. 企业所提供的产品和服务具有较高的固定成本，而其可变成本相对较低

酒店建成投入运营之后，巨额的固定成本就已经支出了，而员工工资、公共区的能源费用支出都是只要开业就必须支出的费用，这部分支出就是固定成本；剩下的客房支出，即变动成本，如一次性的消耗品、原材料支持、洗涤费用等和房价相比是很低的。结合酒店产品的不可储存性特征，为了销售更多的客房，原则上只要高于变动成本，酒店就可以获得收益。

这是企业能够实施收益管理策略，进行价格变动的前提条件。

4. 企业的市场可以进行细分

服务企业面对的是一个多元化的市场，不同顾客对企业产品或服务的感知度和敏感度各不相同，采用单一的市场或价格策略都可能导致顾客或潜在收益的流失，并导致出现各种形态的“黄牛党”从中赚取差价，顾客并不会在市场需求旺盛的时候从中获益。从顾客角度来看，即使对相同水平的服务，他们愿意承担的价格也是不同的。一般来说，酒店的宾客可以分为两大类：以商务活动为目的的商务旅客与以休闲度假为目的的游客。商务旅客又可细分为公司客人和政府客人；游客还可细分为企业出资的考察旅游者和私人出钱的旅游者，等等。此外，酒店还可以根据订房数量将市场划分为散客和团队客人两大类：散客同样可以划分为公务散客和度假散客；团队客人可以划分为商务团队和度假团队。当市场能细分时，酒店就可以针对他们的不同消费偏好、行为模式，实施收益管理，制定产品和价格组合策略，以使酒店收益最大化。

市场细分为收益管理策略的差异化定价提供了土壤。

5. 市场需求呈现波动性

某些企业因旅游市场的波动性，导致为其提供产品的企业市场需求呈现出波动性。比如，青岛的夏季是旅游的旺季，相对于其他季节，游客的数量

通常会呈现爆炸式增长，酒店行业尤其是旅游密集区会出现一房难求的现象，这时酒店的客房价格也会上涨到一年中的最高水平。

三、收益管理的内涵

在学术界，很多学者对于收益管理进行了研究并得出了他们对于其概念的理解，徐晓丽（2014）① 在对收益管理的研究进行综述时指出，Littlewood（1972）是最早提出收益管理概念的学者，他认为收益管理是以市场为中心，通过分析、预测各个细分市场的消费者行为，最终确定价格和存量分配模型，实现收益最大化的过程。

收益管理的定义有很多，但最典型的有以下三种：Robert G. Cross（1997）② 提出，收益管理是通过预测消费者行为，重塑产品价值和优化产品价格，以达到最大化提升收入的策略；Kimes（1999）③ 指出，收益管理是将适当的产品，按照适当的价格，在适当的时间卖给适当的消费者。

本书在 Kimes 提出的概念基础上加入销售渠道的要素，将收益管理界定为：收益管理是将适当的产品或服务，通过恰当的渠道，以恰当的价格，在恰当的时间销售给恰当的顾客。这个概念包含了收益管理的五个要素，即产品或服务、渠道、价格、时间和顾客（或细分市场）。酒店收益经理针对每一个要素都有着自己的方法或技能，表 1-1 进行了展示。

表 1-1　收益管理内涵要素与方法对应分析

收益管理要素	"合适"的一般释义	收益管理方法
产品或服务	能满足不同细分市场顾客需求的产品	■品牌文化 ■品牌优质化与差异化 ■创造卖点
渠道	销售渠道管理、优化和选择	■直销与分销渠道比例、转换率 ■大数据与顾客黏性
价格	最佳可用房价（BAR）及满足市场需求的价格体系	■价格优化与动态定价 ■关闭与开放价格等级

① 徐晓丽．收益管理国内研究综述［J］．内蒙古财经大学学报，2014，12（04）：66-69.

② Cross R G. Launching the Revenue RocketHow Revenue Management Can Work for Your Business［J］. Cornell Hospitality Quarterly，1997，38（2）：32-43.

③ Kimes S E. Yield management：A tool for capacity-considered service firms［J］. Journal of Operations Management，1989，8（4）：348-363.

续表

收益管理要素	"合适"的一般释义	收益管理方法
时间	把握产品出售的最佳时机	■市场预测分析与决策 ■细分市场与容量控制 ■杜绝"先来先得"
顾客（或细分市场）	为酒店创造价值的顾客	■市场细分 ■寻找最高价格的顾客

收益管理的方法正是在对其概念五要素的传统理解的基础上进行了颠覆，以使酒店在旺季通过管理收益管理五要素实现更高收入，甚至更高总毛利润（GOP）的目的。

第二节　收益管理的基本观点

收益管理作为一种管理工具，面对的主要是一种具有不可储存性特点的产品，与传统的酒店营销管理相比，突显了其利用价格杠杆和容量控制来增加收益的作用，成为相关的基本理论和观念。这种理论和观念往往会打破我们的一些常识。

一、定价关注价格优先于成本

在传统的企业运营中，主要通过成本的核算进行价格的制定。例如：千分之一定价法、盈亏平衡定价法、成本加成定价法，等等，这些方法考虑的出发点就是企业所制定的价格是否能够收回企业的成本。对于大部分没有不可储存特性的产品，这些方法都是行之有效的，但是交易是由买方和卖方构成的，如果买方不接受你的价格，卖方再精明、制定的价格再低，买方都不会成为你的消费者。只有在买方和卖方都获益的情况下，交易才会完成。

为了理解买方对于价格的想法，首先应该理解消费者理性（consumer rationality）的概念。消费者理性是假定消费者的行为一直是理性的和有目的的。也就是说，在大量的案例中，买方是基于产品会为他们带来利益做出的购买决策。对于收益管理者来说，接受消费者理性的是意义巨大的。只有这样，收益管理者才能避免由于忽视了消费者理性而失去对消费者行为的洞察力，他们才能理解消费者为什么那样做的原因。

接受消费者理性的概念不仅仅意味着愿意去关注和理解消费者的行为，更重要的是要知道消费者如何从一次交易中获益。在某些情况下，这并不简单，因为收益管理拒绝顾客的做法在通常情况下是不理性的观点。

为了说明价值的概念如何起作用，考虑如果某位消费者过去花 9.99 元购买一个中号的比萨，那么同样的价格买到一个大号的比萨将会让这位消费者获益。一个同样价格的小号比萨就意味着消费者获益的减少。相似的，将中号比萨从 9.99 元降低到 6.99 元代表着消费者获益的增多。因此，买方是基于卖方的价值建议做出自己获益多少的评价。

从买方的观点来看，价格是卖方价值建议的重要部分。当卖方说“你给我那个，我给你这个”的时候，消费者会进行评价从而采纳三个购买决策中的一个。

表 1-2　买方对卖方价值建议的评价

买方评价	购买决策
1. 感知利益 - 价格 = 价值 不到 0	不购买
2. 感知利益 - 价格 = 价值 等于 0	不购买
3. 感知利益 - 价格 = 价值 大于 0	购买

表 1-2 列出的就是买方对卖方价值建议的三种可能的反应。很多情况下，是卖方而不是买方做出的价值提议。理性消费者不会主动地去交换价格与自己评价的价值相等的物品。从传统的观念来看，消费者通常被教育不要去相信商人。因此，大部分消费者会机敏地对待商人的价值提议，而收益管理的工作就变成让消费者对于“我会得到什么”和“为什么这个商品值钱”的问题有理性的态度。只有当那些迷恋于网络和经验丰富的消费者意识到他们放弃手中的钱财之后能够获得更多的收益，他们才会达成交易。

因此，交易双方只有感到获得的利益高于自己放弃的利益，交易才能发生。如果想让理性的消费者成为回头客，商品的价值必须超出价格。从消费者的角度来看，企业所销售的商品价格不代表消费者对商品的价值认可。商品的价格为消费者提供了一种快速和方便的方式来评价企业销售的商品的价值提议。

二、摆脱单一市场，实现市场细分

企业都在进行市场的细分，无论是早期的 to-B、to-C，还是 to-G，都是一种对市场的细分，因为企业发现越来越不能满足所有消费者的需求，他们必须找到自己产品的细分市场。而对于酒店来说，需要针对不同的客源市场需求对客房产品进行差异化，并进行差异化定价。

因为，即使是同样的产品，由于不同细分顾客的消费行为和支付能力不同，对价格的敏感程度和承受能力也不相同。对于对价格敏感程度低而承受能力高的顾客可采取高价格策略；反之，可采取低价格策略。这样，采取高价格可以使酒店的收益增加，而采取低价格可减少资源的闲置，避免资源浪费。

三、客观数据代替主观臆断

很多酒店管理者，尤其是在当地市场工作了多年的营销经理，对于市场的把握是很准的，也具有很高的市场敏感度。但是，这并不能取代客观数据，所有的价格、房量控制等决策都要以数据为基础，主要原因有两个：第一，价格、房量是精准决策而不是方向性决策；第二，对于很多酒店来说，是基于市场或渠道与房型相结合来确定价格的，即同一房型面临不同的市场或渠道也会有不同的价格，因此酒店的价格体系很庞大，靠人力是很难记牢和实现的。也正因为如此，很多酒店才选择使用软件来实现收益管理策略。

但是，并不是说经验不重要，经验的使用是在数据的基础上，根据经验、经营环境和未来趋势的研判对数据进行修正。

第三节　衡量酒店收益管理的途径

酒店管理者、所有者都想知道应用收益管理策略之后，会产生什么样作用，是否可以提高酒店的收益。酒店管理者可以使用一些指标的前后对比进行分析，同时，管理者也可以使用以下指标分析酒店的运营效果。本节内容将从酒店常用的评价指标开始介绍。

为了说明正确评估运营统计数据的重要性，假设某个酒店是位于上个月所有酒店平均出租率为 65% 的城市。上个月酒店的出租率达到 90%，酒店应该感到高兴吗？接下来，假设另一个酒店是在其他某个城市，该城市上个月所有酒店的平均房价为 199.99 元。同一时期，该酒店的日均房价为 249.99 元。酒店应该感到高兴吗？

如果对上述每个问题的回答都是“我可能不知道”，那么你是对的。

因为：以酒店出租率或平均房价来评价酒店时，如果二者不同时结合使用，都是毫无意义的。

为了公平地评估酒店的收入实现情况，必须同时评估出租率和房价。酒店必须谨慎地平衡产品销售数量（酒店客房或航空公司座位）和收费价格（平均房价或机票价格），以优化收入。

除了平均房价和出租率指标，酒店还可以使用每间可用客房的收入（RevPOR）、每间可用客房的运营利润（GOPPAR）以及市场竞争性指标。

一、酒店经营衡量指标

（一）平均房价 ADR

酒店使用最多的经营结果衡量指标就是平均房价（即 ADR，Average Daily rate）和出租率。ADR 的计算公式如下：

$$ADR = \frac{客房销售收入}{某时期已出租的客房数} \tag{1-1}$$

这个指标的计算看起来简单，但是由于酒店包含的服务项目不同，业主方和管理方的出发点不同，对于客房销售收入和销售的总客房数的界定并没有形成统一的标准。本教材中采用保守的方法，客房销售收入仅指房费收入（不包含早餐），销售的总客房数不包含自用房和免费房。

（二）出租率 OCC

客房出租率的计算公式如下：

$$出租率 = \frac{已出租的客房数}{可供出租的客房数} \tag{1-2}$$

已出租的客房数与 ADR 计算时是一样的数据。本教材将酒店的 OOS 房（维修房）包含在可供出租的客房数里面。

（三）RevPAR

很多酒店将 RevPAR（每间可用客房的收入）作为衡量其经营效果的指标。由于 RevPAR 很容易计算，因此它确实为不同规模的酒店提供了一种方便的方法，就收入的产生而言，它们之间可以相互衡量。RevPAR 在比较酒店与其竞争对手的表现时也很有用。此外，每间可用房收入的提高和增长已被许多酒店运营商视为收益管理者的薪酬和激励计划中使用的一个简单措施。

但同时也应该看到 RevPAR 也有其局限性。

首先，RevPAR 通常仅使用客房收入计算。餐饮和其他收入来源不影响每间可销售客房的收入。RevPAR 统计的主要局限性可以通过考虑案例 1-1 来说明。

案例 1-1

RevPAR 在酒店中的应用

两个客户经理 A 和 B 在竞争激烈的 400 间客房的两家全方位服务酒店工作。上个月，A 酒店实现了 200 元的日均房价和 80% 的出租率。A 酒店每间可销售房收入计算如下：

$$RevPAR=200\times 80\%=160$$

然而，B 酒店的总收入可能会更高，因为它的餐饮店、礼品店以及室内产品和服务的销售额可能会更高，因为它的出租率更高，入住酒店的客人数量也随之增加。当然，B 酒店也会拥有更高的运营成本。因此，B 酒店可能会达到更高的总收入金额。酒店需要了解的重要一点是，RevPAR 仅衡量客房总收入，而忽略了酒店其他部门的收入、酒店的运营成本以及其他可能直接影响酒店损益表上显示的利润的因素。

点评：虽然 RevPAR 是酒店企业所使用的重要的衡量经营情况的指标，但是酒店在使用的过程中要全面关注酒店客房之外收入的获取情况。

当酒店过分关注 RevPAR 时，他们会认为最大化收入比其他所有考虑因素都更重要。因此，客房可以以接近（甚至低于）可变运营成本的价格出售，因为无论房价有多低，每增加一元钱的客房收入都会增加每间客房的收入。

每间可销售房收入的计算忽略了这些成本。因此，一间售价为 200 元的客房，其日均房价净收益率为 75%（日均房价净收益为 150 元），比一间售价为 159 元且无渠道分销成本的客房对每间可销售房收入的影响更大，尽管后者的客房利润率更高。

尽管存在这些缺点，每间可销售房收入的最大化往往与实现更高的酒店利润相关。如果将相关性与因果关系混为一谈，酒店虽然会获得最大化的客房收入，但有可能会得到更低的利润。

以类似的方式，每间可销售房收入的增加可以表明盈利能力的提高，但并不总是这样。接受和应用这一事实需要酒店更正传统的观念，因为业界普遍认为 RevPAR 是衡量创收成功与否的重要标准。

（四）每间已售客房的收入

在有限服务酒店中使用的 RevPAR 统计数据与在全服务酒店中使用的 RevPAR 统计数据所代表的概念截然不同。这是因为，按传统计算的每间可销售房收入不考虑酒店其他产品和服务的收入，如餐厅、水疗中心、高尔夫球场、租赁等。因此，全方位服务酒店通常会计算每间已售客房的收入，即 RevPOR（Revenue Per Occupied Room），作为衡量其酒店创收能力的额外指标。RevPOR 的计算公式是：

$$RevPOR=\frac{\text{酒店总收入}}{\text{总销售客房数}} \tag{1-3}$$

产生大量非客房收入的酒店对衡量和评估客人的消费模式非常感兴趣。了解这些模式对于酒店经营会有帮助，这样计算会考虑将客房出售给大量利用酒店会议空间、餐饮服务选项、休息室、礼品店等的群体的相对优势，与将这些相同的客房（即使 ADR 更高）出售给预计不会大量使用酒店创收设施的客房购买者相比，作为销售经理，应该关注您的酒店所产生的所有收入，而不仅仅是客房所带来的收入。

表 1-3　全服务酒店中常见的一些非客房收入来源

食品	洗衣服务
酒水	健身房
会议室租赁	Spa

并不是每个酒店都能从这些区域中产生收入；但是，随着非客房收入来源数量的增加，它们对 RevPOR 的潜在影响也会增加。

两个合法的问题与 RevPOR 的计算和评估有关。第一个问题涉及占用率。RevPOR 不考虑售出的客房数量。相反，回想一下，每间可销售房的计算直接受售出客房数量的影响。在大多数情况下，一家经营中的酒店的收入很高，但出租率很低，就不会盈利。因此，作者建议，一些在全套服务的酒店工作的客户可能更愿意修改传统计算的每间客房的收入公式，以包括非客房收入。这样做会创建一个修改后的总 RevPAR 统计数据。

对于许多 RMs，计算和评估这个新提出的总 RevPAR 统计可能非常有用。

围绕 RevPOR 的第二个重要问题更为复杂，它直接关系到酒店盈利能力的衡量，而不是其收入的产生。通过再次考虑航空业与住宿业的不同，可以更好地理解整个问题。

为了计算乘客的实际飞行成本，航空公司根据飞机在使用寿命内可以飞行的小时数，仔细考虑飞机的摊销成本。他们还评估飞机的维护、燃料、机组人员和其他成本。然后，他们利用所有这些信息来确定每个座位每英里飞行的运营成本。因为今天的航空公司乘客为额外的行李、饮料、餐食、毯子和枕头付费，因此增加额外乘客的可变成本很少，基本上仅限于增加乘客所需的额外燃油的成本。

重要的是要认识到，当一个航空公司的座位卖不出去，它仍然有一个真正的成本与飞行座位的目的地。正因为如此，几乎所有出售座位产生的收入都有助于支付航空公司的总成本，即使出售座位产生的收入低于空位飞行的固定成本。在航空业，一个空座位代表一个特定的未收回的成本和失去的收入机会。

住宿行业的客户经理会对与销售客房相关的成本采取不同的立场。酒店收益管理者会将空房的成本考虑为 0 元（没有成本），因为让客房空置不会导致酒店增加成本。不像一架空座位的飞机会损失一小部分的使用寿命，空置客房实际上会延长客房的使用寿命，因为家具和地毯的磨损减少，不需要额外使用用品或客房设施，而且不会额外增加水电费。

根据酒店的成本结构，出售客房所产生的费用（包括劳动力和用品）可以从适中到非常大不等。很明显，在农村地区的经济型酒店出售一间客房的增量成本要比在大城市的市中心出售一间高档客房的增量成本低得多。但是，在这两种情况下，如果客房晚上没有售出，则不产生这些费用。如果客房被占用，酒店必须设法获得至少等于这些客房相关占用成本的收入。

净 ADR 收益率表示减去与客房销售相关的成本后的剩余收入。如果收入超过客房销售的总成本，那么客房最低售价必须包括额外增加的成本。这些成本包括所有与客房入住相关的成本加上分销渠道佣金的成本以及创建销售所必须支付的任何特许经营相关费用和特许权使用费等。

为了说明这一点，可以考虑一家每晚客房相关入住成本为 40 元的酒店。假设这家酒店的分销渠道收取 20% 的佣金和 7% 的特许经营费，利用最低 ADR 销售点公式，酒店将确定其最低房价为 54.79 元。

在此示例中，以低于最低 ADR 销售点的房价销售的客房将增加每间可销售客房收入，但不会增加利润。

入住酒店的客人也可能会在酒店的一些其他创收部门花费额外的钱。然而，在有限服务的酒店里，除了房费之外，额外收入的来源很少。在全方位服务的酒店中，通常由客房销售产生的额外非客房收入可能相当可观，在评估最低 ADR 销售点时必须考虑这些收入。

酒店不应该寻求在最低 ADR 销售点销售客房。这样做会忽略酒店的许多其他固定成本，包括还本付息、抵押贷款、管理费、房地产税、水电费和非客房劳动力。可以想象，如果酒店管理团队试图通过在一天的晚些时候以最低 ADR 销售点为客房价格进行客房销售来增加客房收入，那么与利润相关的 RevPOR 将不会增加太多。

当一家酒店试图通过降低房价来提高出租率时，它可能会以失去已预订的团队或临时销售业务为代价。许多团队客房买家和旅行社都会监控他们之前预订的客房价格的变化。他们会毫不犹豫地取消先前的预订，转而选择更新、更便宜的客房。由此产生的重新预订会减少总客房收入，甚至会出现更多的投诉。

（五）每间可用房的运营利润

尽管 RevPAR 和 RevPOR 在很多酒店很受欢迎，但更多的酒店越来越喜欢监控每间可用房的运营利润（即 GOPPAR，Gross Operation Profit Per Available Room）的情况，因为酒店知道过度关注 RevPAR 实际上会损害酒店的长期盈利能力，尤其是在客房需求严重疲软的时候。

GOPPAR 是特定会计期间每个可用客房产生的平均总营业利润（GOP）。计算公式如下：

$$GOPPAR=\frac{酒店总营业利润}{酒店可用客房数量} \tag{1-4}$$

仔细研究 GOPPAR 的计算公式，可以发现它吸引酒店总经理和业主的三个重要原因。

（1）这个统计数据是用酒店总营业利润来计算的，而不仅仅是客房收入。在全方位服务的酒店中，这是一个特别关键的因素。

（2）GOPPAR 计算包括费用和收入，但只关注那些可以由本酒店部门经理控制的费用，这些费用部门经理是可以管控的。注意，GOP 是 GOPPAR 公式中的分子。

（3）该计算基于房地产中可用客房的总数（即每间可销售客房数），从而避免了那些仅由已售出客房数确定的统计数据（如每间可销售客房数）的限制。

具有相同 RevPAR 数据的酒店在其 GOPPAR 表现方面可能存在很大差异。

参考表 1-4，通过具有 400 间客房的某酒店的不同情况分析，能够更好地展现出 GOPPAR 指标的重要性。具有相同 RevPAR 的酒店之间的利润产生差异可能很大。“较高的平均房价，较低的出租率”的酒店产生的利润比“较高的出租率，较低的平均房价”酒店高出［15%（114.99−99.99）/99.99=15%］，比“中等出租率 / 中等平均房价”酒店产生的利润比“中等出租率 / 中等平均房价”酒店高出 7%［（114.99−107.49）/107.49=7.0%］。这三家酒店都是一样的。

表 1-4　不同经营结果下 GOPPAR 的情况

项目＼运营情况	高出租率，低平均房价	低出租率，高平均房价	中等出租率，中等平均房价
出租率	80%	60%	70%
销售的客房数	320	240	280
平均房价	199.99	266.65	228.55
客房收入	63 996	63 996	63 994
RevPAR	159.99	159.99	159.99
每间房的运营成本为 75 元	24 000.00	18 000.00	21 000.00
总运营利润	39 996.80	45 996.00	42 994.00
GOPPAR	99.99	114.99	107.49

由于计算中使用了大量的因素，GOPPAR 最大化策略比 RevPAR 最大化策略更复杂。GOPPAR 评估对酒店定价和销售策略的影响应该是明确的。例如，考虑应避免销售低于入住成本和销售成本总和的客房的策略，因为实施这样的策略将导致 GOPPAR 的降低，尽管这样的策略将增加出租率、客房总收入和由此产生的 RevPAR。同样，如果酒店决定临时增加销售佣金以鼓励客房销售，这将反映在降低的 GOPPAR（而不是降低的 RevPAR）中。GOPPAR 的关注消除了过度关注 RevPAR 所固有的一些负面因素。

因为 GOPPAR 考核的是酒店营业利润除以可用客房的间夜数，只要每增加一个单位销售（无论是客房、餐饮还是其他收入）产生的利润，GOPPAR 就会增加。因此，GOPPAR 的关注点也有助于解决酒店运营人员（如客房部和餐饮部员工）与酒店销售团队之间的传统冲突。这种冲突经常发生，因为运营人员专注于部门成本和盈利能力，而销售人员通常专注于增加总收入，而不考虑成本。尤其是当销售人员的工资、奖金和其他激励措施都是基于每间可销售客房收入的时候。

必须注意的是，酒店需要仔细评估 GOPPAR 的交叉属性。举两个酒店为例，每个酒店提供 400 间客房。进一步假设 A 酒店的会议空间和餐饮容量大大超过 B 酒店的可用空间。在这种情况下，其额外容量很可能导致 A 酒店的

GOPPAR 超过 B 酒店的 GOPPAR，即使 B 酒店在销售其可用空间方面做得更好。正因为如此，全服务酒店必须仔细考虑会议空间和餐饮销售以及由此产生的利润对酒店整体盈利能力的影响。

二、STAR 市场报告

从以上内容，可以看到当用于评估酒店的经营业绩时，每个统计数据都有其优点和缺点。

酒店业主、总经理及其收益管理团队通常使用出租率、平均房价、RevPAR 等一些统计数据来评估酒店的收入优化工作。然而，即使使用了所有这些统计数据，也不足以充分评估酒店的收入管理工作成效。

假设某酒店上个月出租率达到 60%，然而本月该酒店的出租率增加到 70%。请问，这家酒店的收入管理工作做得好吗？

在这种情况下，你必须知道利用以下信息来判断哪一种选择方案是正确的：

本月，酒店直接竞争的酒店的平均占有率为 50%。

本月，酒店直接竞争的酒店的平均出租率为 70%。

本月，酒店直接竞争的酒店的平均出租率为 90%。

很容易看出，通过将单个酒店的绩效与其竞争对手中其他酒店的绩效进行比较，可以更好地评估单个酒店的绩效，并且可以为酒店提供更多信息，比如，通过本酒店与竞争对手的对比分析可以判断出未来有哪些地方可以提高，酒店的机会点还有哪些，等等。

然而，对于免费的信息交换，大多数酒店不愿与直接竞争对手分享其经营业绩数字。为了解决数据不一致的问题，许多酒店经营者以一种创造性和有用的方式分享他们的平均房价和出租率数据。

在住宿行业，分享信息的一种方法是参与的酒店将平均房价和出租率绩效数据传达给独立的第三方，这些第三方进行必要的比较计算，并将与竞争对手群相关的绩效数据返回给参与的酒店。这些第三方还将其在市场份额捕获方面的排名告知酒店。

史密斯旅游研究（STR）公司在为酒店经营者提供竞争数据方面处于行业领先地位。STR 公司在美国的市场占有率非常高，美国各大连锁酒店都必须提供用于编制 STR 竞争数据报告。这也影响到了这些品牌在中国的情况，当它们被委托在中国经营酒店的时候，它们也会要求业主将酒店加入 STR 竞争数据集。但特许经营人不要求共享酒店的总营业利润数据。这意味着每间可用房收入和市场份额数据可随时用于外部比较；然而，平均每间可用房的 GOP（GOPPAR）和顾客流量（flow-through）酒店并不都是愿意相互分享。

史密斯旅游研究（STR）编制的报告，即众所周知的 STAR 报告，每天以及每周、每月和每年生成区域酒店群的出租率和平均房价数据。

因此，您可能会连续收到酒店群的每间可销售房收入和市场份额数据报告。通过 STAR 报告，您可以更好地确定您所在地区的酒店群中是否获得了公平份额以及您通过纵向比较来确定你的市场份额是在增长还是在下降。

STAR 报告的格式和内容因您所需要的报告类型而异（即每日绩效、每周绩效或区域市场报告）。

但是，每家加入 STR 的酒店都应该懂得如何解读这些报告，同时也为未加入的酒店提供借鉴。

学习如何分析 STAR 报告首先要理解 STR 在报告准备中使用的定义。酒店术语在国内虽然已经形成了一定的共识，但还有些术语由于不同酒店使用频率不同，依旧未达成共识。而 STR 提供的这些术语可以为我们酒店业的发展提供重要的参考价值。

STR 使用的其他重要术语包括：

连锁规模：主要根据连锁酒店的实际全系统平均房价进行分类。它们目前被分类为：

奢华酒店 Luxury

超高端连锁酒店 Upper upscale chains

高端连锁酒店 Upscale chains

中型连锁餐饮店 Midscale chains with food & beverage

中型连锁住宿企业 Midscale chains without food & beverage

经济型连锁酒店 Economy chains

市场：一个大都市统计区、一组大都市统计区或一组县统计区。STR 在美国分析了 150 多个市场。

在中国的北京区域，2016 年 STR 有 1356 家酒店加入数据统计集，其中豪华级别 67 家，超高端级别 98 家，高端级别 125 家，中高端级别 320 家，中端级别 143 家，经济型级别 603 家，客房总数 226980 间，平均出租率 72.3%，ADR 568，REVPAR 411。

了解竞争对手的构成是理解和分析 STR 报告的关键组成部分。一组竞争性酒店只是用来建立绩效基准的一组酒店。举例说明，假设在一个大的大都市区某家全方位服务酒店拥有 400 间客房，该酒店与其所在地区的其他六家酒店争夺大多数客户，每家酒店的客房数量、服务和质量水平与该酒店大致相同。该酒店选择将这六家酒店作为竞争群。在几乎所有情况下，这些酒店都会定期向 STR 提交出租率和客房收入数据。然后将这些数据制成表格，并以报告的形式返回给各酒店，各酒店可以将自己的数据与竞争群数据对比分析。

图 1-2　北京饭店是北京地区首屈一指的豪华酒店

为确保保密性，STR 只报告竞争群的汇总结果，并承诺不会发布或泄露各酒店信息。STR 报告可以自定义，但通常包括与以下内容相关的日期：

（1）出租率

（2）平均房价

（3）每间可用房收入

（4）市场份额

（5）历史趋势

（6）固定期间的累计绩效（即 3 个月跟踪、12 个月跟踪和本年累计）

在报告中，将您的酒店绩效与其竞争对手的绩效进行比较，并列出您的酒店在每个指标上的排名。

检查报告中与酒店出租率相关的部分将有助于说明绩效报告如何用于评估自己酒店与竞争对手群的绩效。

为了解释表 1-5，假设某酒店是前面提到的 400 间客房的酒店，该酒店的竞争对手是六家类似的酒店。

在表 1-5 中，“酒店”一栏指的是该酒店。

本 STR 趋势报告中的“竞争对手组合”一栏指的是作为竞争对手的六家

酒店的数据。列出的每月出租率分别代表该酒店出租率和其竞争对手组合的（平均）出租率。

表 1-5　STR 报告出租率指数报告

月度	酒店	竞争对手组合	指数
1 月份	55.2	52.2	105.7
2 月份	59.7	58.2	102.6
3 月份	63.1	63.6	99.2
4 月份	64.2	64.4	99.7
5 月份	63.9	61.7	103.
6 月份	67.6	66.1	102.3
7 月份	68.9	63.5	108.5
8 月份	72.7	58.8	123.6
9 月份	81.8	82.9	98.7
10 月份	83.1	85.5	97.2
11 月份	65.6	67.1	97.8
12 月份	60.2	57.6	104.5

酒店业绩报告的一个最重要的特点是酒店的各种标准指数。某酒店的出租率、房价或每间可销售房收入等各指数的计算如下：

$$指数=\frac{酒店的运营表现}{竞争对手的运营表现} \tag{1-5}$$

例如，如果该酒店上月出租率达到 70%，而竞争对手酒店群的出租率达到 70%，那么该酒店出租率指数将计算为：

$$出租率指数=\frac{70\%}{70\%}=100\%$$

但是，如果该酒店上月出租率达到 70%，而其竞争对手酒店出租率达到 75%，则该酒店出租率指数将计算为：

$$出租率指数 = \frac{70\%}{75\%} = 93.3\%$$

在这种情况下，该酒店达到了竞争对手酒店群平均出租率的 93.3%。因此，房价、出租率和每间可用房收入指数对酒店的收入优化非常重要，且对于不同的使用者，他们关注的侧重点不同。以下从四种不同的使用者角度分析他们对于这些指标的使用用途。

（1）特许经营者（管理方或乙方）：品牌经理需要衡量他们的品牌在市场上的竞争力，因为强大的品牌表现有助于他们销售更多的特许权。品牌绩效不佳有助于表明品牌经理可以在哪些方面修改品牌以提高其绩效，或在哪些方面可以向单个酒店提供帮助。

（2）酒店管理顾问咨询者：这些公司知道，他们作为管理顾问的有效性在很大程度上取决于他们在 STAR 报告的指数上的表现。良好的结果用于确保新业务，并向现有客户展示他们的能力。

（3）酒店高层管理者：尤其是总经理（GM）和营销总监（DOSM）希望了解其营销计划和销售能力的执行成果以及其竞争对手的经营状况。在许多情况下，这些高管的绩效奖金将基于 STAR 报告的指数。

（4）金融界：那些可能被要求购买、投资或借钱给你的房产的人，在某种程度上会根据酒店的 STAR 报告指数来评估投资的明智性。良好的市场业绩，如漂亮的 STAR 报告，有助于说服投资者提供资金，而不好看的 STAR 报告将使获得外部金融支持更具挑战性。

包含了的重要竞争数据集和市场份额数据的 STAR 报告和其他类似的报告可以为那些成熟的酒店和经验丰富的管理者提供丰富的信息。

三、竞争对手分析指标

品牌的声誉，酒店的位置、年龄，运营部门员工的技能以及收入，管理团队成员的决策能力等方面的差异，使一些酒店能够收取更高的收入，并达到高于平均水平的入住率。或者，一些酒店可以获得更高的收入，但只能以降低入住率为代价。其他的酒店为了实现更高的入住率，可能只能通过降低房价。酒店在日均房价、出租率和每间可用房收入方面如何在其竞争对手中占有优势，酒店收益管理者会不断地审视顾客对于酒店定价结构的观点以及应如何制定未来费率和库存管理决策。因此，酒店需要对于这些指标进行理解并能够解释。

表 1-6　某酒店关于出租率指数的 STAR 月度报告

序号	年份	月份	出租率					
			某酒店	变化率	竞争对手群	变化率	指数	变化率
1	2019	10 月份	47.8	47.5	65.0	3.2	73.5	43.0
2	2019	11 月份	25.1	72.1	51.2	−4.1	68.6	79.6
3	2019	12 月份	27.9	72.2	41.1	−3.7	67.4	78.8
4	2020	1 月份	29.2	111.6	53.1	2.1	55.0	107.5
5	2020	2 月份	39.0	54.8	59.3	−5.6	65.8	64.1
6	2020	3 月份	45.0	45.6	61.6	7.1	73.1	36.1
7	2020	4 月份	51.7	39.7	52.6	−8.5	98.3	52.9
8	2020	5 月份	36.4	−10.3	53.8	−17.2	67.7	8.3
9	2020	6 月份	43.7	43.3	54.6	−6.7	80.0	53.6
10	2020	7 月份	38.4	−8.8	47.9	−11.3	80.2	2.8
11	2020	8 月份	44.7	1.4	53.9	−17.6	82.9	23.0
12	2020	9 月份	40.8	−20.8	48.7	−15.2	83.8	−6.6
13	2020	10 月份	50.2	5.0	58.2	−10.5	86.3	17.4
3 个月 −10 月底								
14		2018	40.6	3.5	59.4	−9.5	68.4	2.3
15		2019	47.7	17.5	62.6	5.4	76.2	11.5
16		2020	45.3	−5.0	53.7	−14.2	84.4	10.8
本年累计 −10 月底								
17		2018	38.0	−18.5	59.7	−7.6	63.7	−11.7
18		2019	36.2	−4.7	59.5	−0.3	60.8	−4.6
19		2020	41.9	15.7	54.3	−8.7	77.2	27.0
11 个月 −10 月底								
20		2018	34.3	−23.9	57.8	−6.9	59.3	−18.3
21		2019	33.2	−3.2	57.6	−0.3	57.6	−2.9
22		2020	40.2	21.1	53.0	−8.0	75.8	31.6

酒店都希望实现比竞争对手更高的出租率，从而使出租率指数高于100%。此外，随着时间的推移，出租率指数的实际增长而不是下降是可取的。为了理解清楚，请考虑表1-6的数据。在此场景中，将显示该酒店在2018年、2019年和2020年的入住率数据。在过去的13个月中，该酒店入住率指数从55.0%的低点（2020年1月）到98.3%的高点（2020年4月）不等。

仔细查看表1-6可以发现，百分比变化一列显示了这家酒店在同一时间段内的绩效变化。例如，与去年（2019年）10月相比，今年（2020年）10月酒店的入住率变化为5.0%，而同期变化为10.5%。

对表1-6（见第16行）中的数据进行仔细分析后发现，与2020年10月结束的过去三个月相比，酒店的出租率正在下降，该酒店为5.0%，而它的竞争对手组合为14.2%。然而，在截至2020年10月的12个月内，该酒店的入住率上升了21.1%，而竞争对手组合入住率下降了8.0%。

表1-6所示的每月STAR趋势报告是STR向酒店提供的详细信息示例。仔细查看这些数据可以帮助我们提高预测能力，因为可以看到入住率历史上何时上升或下降，监控酒店的绩效，并为酒店管理团队设定未来目标。

除了入住率数据排名外，ADR和RevPAR指标的月度STAR报告还将显示该酒店在竞争对手中的排名。表1-7显示了一家酒店相对于其竞争对手组合中其他成员的排名情况。

表1-7　某酒店在竞争对手组合中的等级情况

当月	出租率	平均房价	每间可用房收入
2020年1月份	5/7	3/7	5/7
2020年2月份	4/7	7/7	5/7
2020年3月份	5/7	6/7	6/7
2020年4月份	6/7	6/7	7/7

表1-8给出了酒店管理团队在审查每周、每月、季度或年度ADR指数时可能遇到的结果的简化说明。该表还显示了对这些结果的合理初步评估。

表1-8　不同ADR指数等级的描述分析

ADR指数等级	评估描述
79%及更低	平均房价指数明显低于竞争对手组合
80%~94%	平均房价指数稍微低于竞争对手组合

续表

ADR 指数等级	评估描述
95%~104%	平均房价指数与竞争对手组合持平
105%~119%	平均房价指数稍微高于竞争对手组合
120% 及更高	平均房价指数明显高于竞争对手组合

当然，表 1-8 中所示的初始评估仅在评估同一酒店的占用指数时才具有重要意义。酒店评估 ADR 指数，而不评估相对应的出租率指数潜在的与评估相反的情况。因此，一些酒店错误地跳过了单独的 ADR（和 / 或入住率）指数评估过程，只分析每间可用房收入指数（注：入住率指数 × 平均房价指数 = 每间可用房收入指数）。但是，有时候这样做是一个重大错误。

ADR 指数可以告诉酒店更多的信息。为了更好地了解酒店能够从 ADR 指数分析中得到的内容，假设某酒店在 10 月第一周的 ADR 相关数据如表 1-9 所示。

表 1-9 某酒店 ADR 周数据

ADR 指数汇总（一周）							
10 月份							
酒店 ADR	186.52	206.45	201.98	201.98	182.45	199.84	201.56
竞争对手组合数据	179.85	196.55	197.85	192.12	202.45	235.66	266.85
ADR 变化百分比	2.3	1.6	2.2	2.1	3.1	2.5	2.4
竞争对手组合数据	2.7	−0.8	1.9	4.5	2.4	8.5	7.9
指数	103.7	105.0	102.1	95.0	93.1	84.8	75.5
指数变化率	2.2	1.6	1.4	−2.5	−3.6	−10.5	−12.2
等级指数	2/7	1/7	2/7	3/7	4/7	7/7	6/7
ADR	2/7	2/7	3/7	3/7	5/7	7/7	7/7

此重要报告揭示了四个关键点：

（1）酒店本周前半段的房价很高；因此，从周一到周三，酒店的 ADR 指数都在 100% 以上，而在竞争对手组合中的指数排名是 1（1/7）或 2（2/7）。

（2）酒店在本周后半段所获得的房价相对于竞争对手组合水平来说很低。例如，周六酒店的 ADR 指数下降到 75.5%，在当天的 ADR 排名中排名最后

（7/7）。

（3）酒店的实际 ADR 变化（与前一年相比）从 1.6% 的低点（周二）到 3.1% 的高点（周四）不等；然而，竞争对手组合的统计范围是从 −0.8（周一）到 8.5（周五）。

（4）虽然本周酒店房价的上涨幅度相当稳定，但酒店的竞争对手组合在本周后半段，尤其是周五和周六大幅上涨。酒店的管理团队没有这样做，因此酒店制定了更低的 ADR，并导致了更低 ADR 指数的客房价格。

表 1–9 中的数据并未表明酒店或竞争对手组合在 10 月第一周取得了成功（入住率），因为这个表提供的酒店管理团队关于酒店管理成果的信息不完整，ADR 指数报告并不能衡量这些价格决策所带来的客房销售量。

因此，在本例中，酒店的竞争对手组合在整个期间或其中任何一天的入住率都可能与酒店的入住率相同、稍高或明显偏低。如果不综合考虑入住率数据以及 ADR 指数数据，就很难评估该酒店在 10 月第一周的整体创收绩效。这是每间可销售房收入指数的意义所在。

尽管计算起来很简单，但每间可用房收入指数的分析却相当复杂。为了说明清楚，表格还考虑到酒店在特定的时间段内实现了 100% 的 RevPAR 指数。另外，假设该酒店的竞争对手真正代表了与其竞争对手相似的酒店。表 1–10 说明了五种不同的情况，这些情况可能产生 100% 的 RevPAR 指数以及实现结果的可能解释。

在每种情况下，RevPAR 指数均为 100%，但由于采用了收入优化策略，对酒店盈利能力的影响可能差异很大。对于进行竞争对手组合分析的酒店来说，重要的是要认识到这样的评估能够在一定程度上获得一些对比数据，因为当一家酒店的竞争对手实力较弱时，很容易产生较高的指数，这些指数具有一定迷惑性。同样，如果不存在真正的竞争对手（例如，在一个几乎所有其他酒店都是有限服务的城市，分析全服务酒店时的情况），则必须非常谨慎地分析 STAR 报告的指数评估。

表 1–10　RevPAR 指数的分析

序号（情况）	出租率指数	ADR 指数	RevPAR 指数	可能的评估描述
1	75.5	132.5	100%	极高的房价导致入住率过度下降
2	90.5	110.5	100%	高利率；但与场景相比，与客房相关的占用成本更高
3	100	100	100%	完全等同于竞争对手的表现

续表

序号（情况）	出租率指数	ADR 指数	RevPAR 指数	可能的评估描述
4	110.5	90.5	100%	与情况 3 相比，低 ADR、更高的出租率带来更高的客房成本
5	132.5	75.5	100%	过低的房价、过高的出租率带来超高的客房相关占用成本，降低 GOP

在表 1-10 中，所有情况下的 RevPAR 指数均为 100%，但更常见的情况是，由于入住率或日均房价指数的变化，酒店在 RevPAR 指数的某些方面领先或落后于竞争对手。表 1-11 中说明了发生这种情况的最常见方式以及入住率指数，或日均房价指数强（高于 100）或弱（低于 100）时每间 RevPAR 指数变化的可能原因。

表 1-11　RevPAR 指数的原因分析

RevPAR 指数高于 100%
较高的入住率和较高的平均日均房价指数：表明客人在当前房价结构下感受到了较高的价值，许多人可能愿意继续以更高的房价预订
持平的入住率指数和较高的 ADR 指数：表明客人在当前房价结构下感受到了强大的价值。在需求疲软期间增加折扣，以提供更多客房
较高的入住率指数和较高的日均房价指数高：表明客人在当前房价下感受到了很高的价值，并且该酒店的市场地位很强。在需求最高的时期提高费率（和服务水平），以维持和扩大市场主导地位
RevPAR 指数低于 100%
低入住率指数和持平的日均房价指数：表明普通客人在当前房价结构下没有感受到高价值；在寻求扩大客户群或提高费率之前，仔细检查营销工作和服务状况
持平的入住率指数和较低的日均房价指数：表示客人感知价值，但仅以较低的价格感知价值；在寻求提高费率之前，仔细评估物理设施和服务水平
较低的入住率指数和较低的日均房价指数：表明在当前房价结构下，顾客对产品和服务水平的感知非常差：在寻求大幅提高费率之前，重新评估营销努力、产品服务水平、设施质量以及品牌忠诚度

四、市场份额衡量指标

一个完整的竞争对手组合评估还必须包括市场份额分析。市场份额是指酒店在供应、需求和收入中所占的百分比。举例来说，在表 1–12 中，酒店通常占其竞争对手组合的可供出售（供应）客房总数的 10.7%。表 1–12 还详细说明了酒店在 1 月至 6 月期间的需求和收入在竞争对手组合中所占的比重。

表 1–12　酒店市场供给、需求和收入分析

市场份额			
月份	供给所占百分比（%）	需求所占百分比（%）	收入所占百分比（%）
1 月份	10.7	10.7	10.7
2 月份	10.7	11.5	9.0
3 月份	10.7	9.0	11.5
4 月份	10.7	8.5	8.5
5 月份	10.7	11.5	11.5
6 月份	11.7	11.5	11.5

这里的酒店供应、需求和收入的界定如下：

供应：可供出售的客房数量 × 该期间的天数

需求：售出客房数（不包括免费客房）

收入：客房销售或出租产生的客房总收入

如表 1–12 所示，该酒店占可销售客房总数的 10.7%（230 间客房 /2147 间客房总数 =10.7%）。该比率计算如下：

$$供给所占百分比=\frac{该酒店的可售房总数}{竞争对手组合酒店可售房的总数（包括该酒店的可售房量）} \tag{1-6}$$

酒店在分析月度绩效报告的时候，可能会遇到各种可能的结果，每种结果都可能有助于评估酒店的收入优化绩效。仔细检查表 1–12 可以发现六个关键观察结果：

（1）1 月份，该酒店贡献了竞争对手组合可销售客房总数的 10.7%，捕获了 10.7% 的需求（售出客房），实现了竞争对手组合总收入的 10.7%。如果该酒店在其产品及服务质量上确实达到了平均水平，则这可以被视为平均绩效或预期绩效。但是，如果该酒店在各个方面被视为高于平均水平（例如，品牌、位置、服务品质等），则表现可能会令人失望。而对于一家服务、产品或设施明显低于平均水平的酒店来说，这种表现可以被认为是相当不错的。

（2）2 月份，该酒店占竞争对手组合可销售客房总数的 10.7%，占需求

（已售出客房）的 11.5%，但仅占竞争对手组合总收入的 9.0%。在这种情况下，尽管售出的客房数量与其供应份额完全一致，但酒店并没有实现其在竞争对手组合收入中的公平份额。这不是一个好的情况，既因为较低的房价，也因为相对于所产生的收入而言，销售“太多”客房而导致的直接成本会增加。在这种情况下，应充分考虑降低客房折扣或提高客房价格。

（3）3 月份，酒店占竞争对手组合可销售客房总数的 10.7%，占需求（客房销售）的 9.0%，占竞争对手组合总收入的 11.5%。这组结果表明，尽管酒店有较低的出租率，但在增加或维持较高的房价方面表现很好。这可能是一个非常好的情况，因为较高的房价有助于提高客人对质量的感知，并且避免了由于销售多余客房而导致直接成本的增加。在这种情况下，可以考虑加大营销力度。

（4）4 月份，该酒店占竞争对手组合可销售客房总数的 10.7%，仅占需求（客房销售）的 8.5%，仅占竞争对手组合总收入的 8.5%。这种情况可能表明，酒店本身低于竞争对手的平均水平（例如，低端的品牌、较旧的酒店、较差的服务或质量水平、位置较偏远）。但是，如果该酒店具有真正的竞争力，则表明该酒店的房价结构过低，对现有客人的营销和（或）服务效率低下。

（5）5 月份，该酒店占竞争对手组合可销售客房总数的 10.7%，占需求（客房销售）的 11.5%，实现竞争对手组合总收入的 11.5%。遇到这种非常理想的情况时，酒店可以研究进一步降低折扣率的机会，提高房价（尤其是对成本敏感度较低的客户），并努力确保持续的高水平客户满意度。如果该绩效水平保持一致，则可能需要对竞争对手进行重新评估，确定竞争对手组合是否合理。这样做是为了确保没有有意或无意地人为夸大自身酒店的优势或管理公司的管理优势。

（6）6 月份，该酒店占竞争对手组合可销售客房总数的 11.7%，占需求（客房销售）的 11.5%，实现竞争对手组合总收入的 11.5%。这个结果表明了监控这三个数据（供应、需求和收入）的重要性。当一家酒店的供应贡献发生变化时，其需求和收入表现很可能也会发生变化。在这种情况下，该酒店的市场份额增加，这可能是由于其增加了更多的客房，或一个或多个竞争对手提供的客房数量减少（如由于翻新）。在这种情况下，必须根据观察到的目标酒店供应贡献的变化来评估需求和收入结果。在这种情况下，该酒店的需求和创收与上月（5 月）持平。然而，由于其较大的供应比例，这表示需求和收入结果不能令人满意。

思考与练习

一、选择题

1. 收益管理策略最早应用于哪个行业？（ ）

A. 住宿业　B. 航空业　C. 餐饮业　D. 汽车租赁业

2. 酒店业的收益管理策略先驱者是哪个酒店集团？（ ）

A. 万豪集团　B. 喜达屋集团　C. 凯悦集团　D. 洲际集团

二、简答题

1. 请简述应用收益管理策略的行业所具有的特征。
2. 请简述收益管理的内涵。
3. 请简述为什么定价时要关注价格优先于产品成本。
4. 请简述为什么实施收益管理策略前要对市场进行细分。
5. 请简述为什么实施收益管理策略时要以客观数据为基础。

三、名词解释

平均房价　出租率　RevPAR　每间已售客房收入　每间可用房运营利润

四、实训题

请选择你所在学校或毕业学校的竞争对手群，并说明你选择这些学校作为竞争对手的原因。

2 第二章 酒店市场预测及方法

本章导读

通过第一章的阅读和学习，你已经了解了收益管理对于酒店行业的重要性，从本章开始将是收益管理实施的理论与方法。酒店的目标是以顾客为中心实施收益最大化策略。酒店运营中，收集并正确评估酒店的运营数据至关重要，因为有效的数据分析有助于对需求的准确评估。基于预测的重要性，本章将对预测所使用的数据来源、需求预测内容和需求预测方法展开讨论，以帮助读者掌握并使用预测方法。

学习目标

1. 了解酒店预测时所使用的数据类型；
2. 了解酒店预测数据的来源及获取方式；
3. 了解市场需求与供应的预测；
4. 能够使用市场预测步骤进行酒店市场需求预测。

思维导图

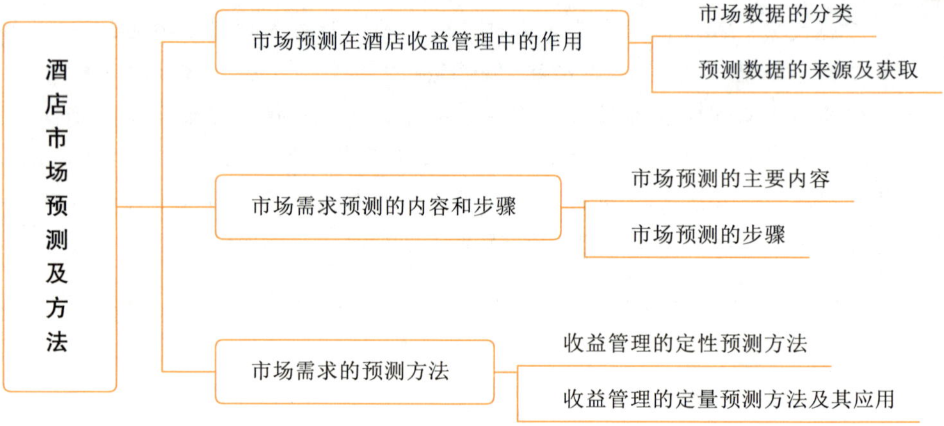

第一节　市场预测在酒店收益管理中的作用

进入学习前，我们先来看一则案例。

案例 2-1

在某家拥有500间客房的酒店里，昨日刚刚接待了一个团队的入住，在前一天早上6:30到7:30之间，500多名客人试图进入酒店有250个座位的餐厅。由于预订的服务员太少，准备的食物太少，客人等待的时间长，服务效率低，厨房里的几个关键早餐品类都用完了。作为销售部经理的麦克很生气，而作为餐饮部经理的兰迪也很生气。麦克说："团队领队说这绝对是一场灾难。服务不好，我们的食物也用完了。"兰迪回答道："这是你的错。我们已经尽力了！"

兰迪说："这些客房不符合你上周在我们的收入管理会议上发布的预测。"

"如果你增加了150间客房，每间客房里有四个客人，但你不告诉我，你会怎么做？"兰迪抱怨道。

"我们三天前才拿到生意，"麦克回答，"而且房价非常合适。你们难道就不能多给几个客人提供一顿像样的早餐？"

"我们可以多供应1000份早餐，"兰迪回应道，"并且我们可以很好地为他们服务，但是你要做好你的本职工作！"

在这个案例中，管理者要思考没有为客人提供更舒适的用餐服务是谁的问题，酒店应采取什么措施，怎么做才能避免这件事情的发生。

如果酒店提前2天将早餐的用餐人数通知到餐厅与厨房，就不会发生食材短缺的现象。如果酒店餐厅采用合适的办法分流用餐者，将提高顾客用餐的体验。因此，准确的市场需求预测在酒店经营过程中发挥着重要的作用，它不仅仅能够解决产品无法及时提供的问题，还可以提升顾客的满意度。

在收益管理中，酒店将重心放在顾客上，因为提高顾客的忠诚度比最大化短期收入更加重要。忠诚度高的顾客会一次接一次地光顾酒店。他们也会与其他人分享他们的经历。保持长期收入最大化的有效方法是拥有更多的更愿意购买商品和服务的顾客，即便他们有更低的价格可以选择。

为了发展和留住忠诚度高的顾客，酒店必须表现得更加优秀。大部分酒店的收益经理能够准确地估计销售量，同时管理好酒店的价格。除此之外，收益管理工作者对于销量的准确估计还能帮助酒店的管理团队在发展忠诚度高的顾客方面做出更好的决策。它对于合理评价酒店的运营数据很重要，因为有效的数据分析会带来更准确的需求估计，也方便顾客以更合理的价格购买产品。总之，对于酒店管理者来说，估计潜在的消费者数量、客房的需求量对于酒店运营非常重要。

进行准确的需求预测有以下几点益处。

（1）准确的需求预测能够让酒店的各个部门有效地安排员工。恰当的排班是为顾客提供完美服务的保证。收益管理工作者必须像保证顾客满意酒店的服务一样保证收入的最大化。

（2）准确的需求预测能够让酒店提前准备顾客需要的商品。当顾客到达酒店时，酒店能够及时地提供顾客需要的商品和服务，这是影响顾客满意度的基本前提。

（3）准确的需求预测使管理者和业主方能够估计未来酒店的盈利状况，从而估计酒店的现金流状况，这将直接影响关于资本增资和资本支出的决策。

（4）准确的需求预测可以使收益管理工作者对于是否修订产品和服务的价格做出更好的决策。

为了得到准确的和有用的需求预测，收益管理工作者需要三种数据：历史数据、现时数据和未来数据。表 2-1 展示了对于每一个数据的描述。

表 2-1　需求预测需要的数据类型

信息类型	描述
历史数据	已经发生的事情
现时数据	现在和最近发生的事情
未来数据	未来会发生的事情

收益管理工作者使用数据来实现顾客需求的预测。图 2-1 说明了有效需求预测的四个要素。每一个数据类型对于准确需求预测都是很重要的。其中，直觉是酒店收益管理者对于数据分析熟练程度的结果。

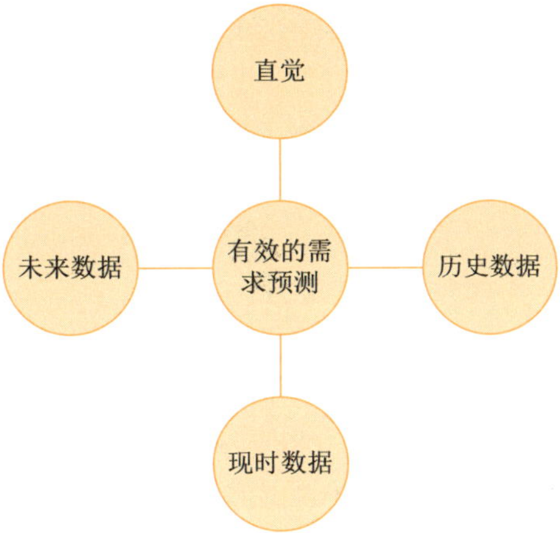

图 2-1　有效需求预测

一、市场数据的分类

（一）历史数据

数据收集和需求预测之前，酒店管理工作者应了解酒店的运营数据是如何产生的，即使这些数据并没有被酒店系统地记录或者分析过。历史数据之所以重要，是因为任何一位收益管理工作者的主要工作就是预见将要发生的事情，而预见将要发生的事情，参照历史数据是最好的方法，即理解酒店过去的表现是预测未来表现的最好的方法。换句话说，收益管理工作者“研究过去以决定未来”。虽然有些酒店过去的数据记录并不完善，但这些数据都有助于对未来的预测。事实上，即使历史数据被错误地记录，这些数据也会为酒店未来收益决策提供支持。

为了说明历史数据的重要性，假设在过去八周，某家拥有 200 间客房的酒店收集和分类了每天的平均房价和出租率信息，如表 2-2。从表 2-2 中可以看出，这八周中每周从周一到周日的平均出租率和平均房价。例如，周一的平均出租率是 88%，它是八周的每周一的出租率的平均值。

案例 2-2

假定，作为 200 间客房的收益经理面临着以下问题：有一家旅行社要求以 109 元 / 间的价格预订三周之后的 100 间客房，收益经理将做以下三个步骤的工作来决定是否处理这个订单。

第一步：以估计的不包含最新预订的未来客房销量为基础计算未来的每间可售房收入（RevPAR）。

第二步：以估计的包含了最新预订的未来客房销量为基础计算未来的每间可售房收入（RevPAR）。

第三步：比较两者的 RevPAR，以做出判断。

下面根据案例具体说明这三步工作。

第一步：在缺少其他可用信息的情况下，最好的预测因素就是历史数据。基于酒店过去八周的表现，对未来第三周酒店 RevPAR 的估计应该是：

RevPAR（第三周）=158.75×0.88=139.70

第二步：如果 100 间客房以 109 元的平均房价销售，可以假设所有的客房都已销售完毕。这样的情况下，对未来第三周 RevPAR 的估计应该是：

RevPAR（第三周）=109×0.5+158.75×0.5=133.88

第三步：两种情况下 RevPAR 的差异是 5.82 元。因此，如果该酒店真的接受这家旅行社的预订，它将获得更低的 RevPAR，并且它将所有的客房销售完，那么只能选择拒绝其他散客的预订了，而一般来说，这些散客能够接受的价格要比团队高。

表 2-2　过去八周的某酒店运营数据

平均值	周一	周二	周三	周四	周五	周六	周日
Occ	88%	91%	78%	67%	45%	51%	29%
ADR	158.75	188.75	148.75	138.75	155.75	159.75	129.75
RevPAR	139.70	171.76	116.30	92.96	70.09	81.47	37.63

当然，收益经理在决定是否接受旅行社的预订前还会考虑其他的因素。这些因素包括：

（1）收入的影响。指的是更多的客房销售对于整个酒店收入的影响。如果酒店为顾客提供了像餐饮、客房服务、会议、Spa 等其他的收费项目，在对比酒店是要 88% 的入住率还是 100% 的入住率的情况下，额外的（除房费以外的）收入将被考虑到决策中。在这个案例中，对于额外收入可能性的考虑有可能让该酒店收益经理决定接受 / 拒绝这个团队。

（2）费用的影响。指的是如果剩余的 24 间房（200−176=24）也被销售出去后酒店会增加多少费用。由于客房销量的增加，像客房清洁、客房内的免费物品及其他消耗，其他设备的使用以及公共区域人力的耗费等是否会相应地增加等，都应该作为决策的依据。

（3）未来定价的影响。指的是如果周一的 100 间客房被提前销售出去了，剩下客房的定价是否会受到影响。酒店平均房价在入住率是 88.5% 的情况下是 158.75。然而，如果预测第三周的周一客房将会全部销售出去，那么提供给顾客的剩余客房的房价折扣是否应该被降低或取消。这个团队的入住会导致折扣房价的取消，从而增加酒店平均房价。因此，酒店有可能会得到更高的 RevPAR。

当收益管理者在使用历史数据和其他数据做预测的情况下，应该考虑酒店的总收入、运营费用和对未来定价的影响。

具体的历史数据对于收益管理者是很重要的，因此酒店为了更好地分析未来的情况应该收集以下信息：

①预订的数量 / 每天每间房的预订量；②每天客房预订被酒店拒绝的数量；③每天取消预订的客房数量；④到店的顾客数量；⑤离店的顾客数量；⑥顾客预订但未到店（No-Show）的数量；⑦到店散客的数量；⑧平均房价；⑨出租率；⑩不同客房类型的出租量（或出租率）；⑪每间客房的客人数量；⑫顾客的入住时间长度。

在很多情况下，收益管理者要将收集的历史数据进行总结。这样，收益管理者可能会在监督或者跟踪历史平均房价（ADR）水平或者其他相关的每天、每周或每月数据的时候发现规律。很多时候，收益管理者使用数学平均数来检测他们的数据，但这种方法有时会被错误地计算。为了理解为什么有这样的困难以及如何避免这些错误，以一家在周一能够实现 300 元平均房价和周六能够实现 320 元平均房价的酒店为例。收益管理者想要通过计算周一和周六这两天的平均房价时，不应该将周一和周六的平均房价相加求得的平均数 310 元作为这两天的平均房价。

表 2-3 说明了正确计算平均房价的方法。平均数是两个或者更多的值相加，然后除以这些值的数目。注意，在计算平均房价时，这里的分母是 500，而不是 2 天。正确的结果应该是 312 元，而不是 310 元。

表 2-3　每天酒店平均房价的计算

时间	客房销售收入	客房销售数量	ADR
周一	60000	200	300.00
周六	96000	300	320.00
合计	156000	500	312.00

对于收益管理者来说，理解算数平均数和移动平均数是很重要的。在计算平均数时，应该选择一个固定的时间段（例如，某个月的头 14 天），然后将此时期的收入、客房销量或者其他相关的数据进行平均。之所以叫作算术平均数是因为那个月的头 14 天将保持不变。我们可以考虑某酒店的一些数据，据此计算一个月前 14 天收入的算术平均数。表 2-4 展示了计算过程。

$$平均收入 = 总收入 / 总天数 \tag{2-1}$$

在表 2-4 中，19980/14=1427.14，即算术平均数等于 1427.14，该酒店这个月前 14 天平均每天的收入是 1427.14 元。这个平均数将非常有用，因为收益经理（RM）可以使用它来预测下个月前 14 天的酒店收入。

表 2-4　某酒店的收入算术平均数的计算

日期	每天的收入（元）
1	1350.00
2	1320.00
3	1390.00
4	1440.00
5	1420.00
6	1458.00
7	1450.00
8	1460.00
9	1410.00
10	1440.00
11	1470.00
12	1460.00
13	1418.00
14	1494.00
总和	19980.00

移动平均数是时间不断改变的销售收入、客房销量或其他数据的平均数。本质上讲，算数平均数是用固定的系列数据计算得出，移动平均数是用不断变化的移动数据计算得出。

收益管理工作者对于每一个前 7 天的平均收入都很感兴趣。随着时间的推移，前 7 天在不断地变化。这就相当于收益管理工作者对于上周的平均每天的收入状况感兴趣，但是更关注过去 7 天的平均销售额。这意味着有时要使用上周和这周的数据来计算最新的 7 天的平均数。

使用连续的收入数据（表 2-5），移动平均数可以被计算出来（表 2-6）。加总第一个 7 天的收入（9828.00）除以 7 就得出了第一个 7 天的移动平均数（1404.00）。每一天，收益经理都会将这天的收入加到前 7 天收入里面除以 8。

相对于算数平均数来说，计算移动平均数更加复杂和耗费精力，但它的使用会帮助酒店很好地预测未来的销售状况、客房销量或其他你想得到的数据。在很多情况下，移动平均数比算数平均数更加接近现实，也更加与未来数据相关。

表 2-5　某酒店 14 天的收入状况

日期	每天的收入（元）	日期	每天的收入（元）
第一天	1350	第八天	1460
第二天	1320	第九天	1410
第三天	1390	第十天	1440
第四天	1440	第十一天	1470
第五天	1420	第十二天	1460
第六天	1458	第十三天	1418
第七天	1450	第十四天	1494

表 2-6　7 天的移动平均数据

连续 7 天的数据								
日期	1–7	2–8	3–9	4–10	5–11	6–12	7–13	8–14
1	1350	–	–	–	–	–	–	–
2	1320	1320	–	–	–	–	–	–
3	1390	1390	1390	–	–	–	–	–
4	1440	1440	1440	1440	–	–	–	–
5	1420	1420	1420	1420	1420	–	–	–
6	1458	1458	1458	1458	1458	1458	–	–
7	1450	1450	1450	1450	1450	1450	1450	–
8		1460	1460	1460	1460	1460	1460	1460

续表

连续 7 天的数据								
日期	1–7	2–8	3–9	4–10	5–11	6–12	7–13	8–14
9			1410	1410	1410	1410	1410	1410
10				1440	1440	1440	1440	1440
11					1470	1470	1470	1470
12						1460	1460	1460
13							1418	1418
14								1494
总和	9828	9938	10028	10078	10108	10148	10108	10152
移动平均数	1404.00	1419.71	1432.57	1439.71	1444.00	1449.71	1444.00	1450.29

（二）现时数据

历史数据能够帮助酒店了解过去发生的事情，而现时数据的目的在于理解现在的情况。酒店可以将现时数据分为客房出租与可用情况、团队预订进度情况两种类型，并不断地进行监测。

1. 客房出租与可用情况

酒店收集、储存和分析其每天的数据对于收益管理决策是很重要的。在酒店业有一种说法，普通的管理者知道刚刚发生了什么，好的管理者知道正在发生什么，杰出的管理者知道未来发生什么。

正在发生的事情可以通过监控以下四种数据得到：

（1）可出租客房的数量；

（2）顾客预订的客房量；

（3）不能出租的客房量；

（4）从现在的预订客房里和不能出租的客房量估计的 ADR。

这四种详细的数据可以从酒店的中央预订系统（CRS，Central Reservation System）和酒店管理系统（PMS，Property Management System）中获得。假设有家拥有 1400 间客房的酒店销售数据，如表 2–7 所示。从这些数据的分析中可以得到以下结论：

（1）“报表日期：2020 年 5 月 1 日”指的是报表生成的时间；

（2）第一列的“时间”指的是未来某天；

（3）第二列的“星期”指的是具体星期几；

（4）第三列“可用房量”指的是酒店里还有多少客房可以销售；

（5）第四列“已预订房量”指的是现在已经确定预订的客房数量；

（6）第五列的“Blocked”指的是一些团队有了预订意向，但还未交订金或签订预订合同，销售部先占房的客房数量；

（7）第六列“小计”指的是预订的房量与 Blocked 房量之和；

（8）第七列“出租率”指的是酒店现有预订量和 Blocked 房量占酒店可售客房的百分比。这是酒店将要发生的入住率，并不是实际的入住率，如果所有预订在那一天的客房都实现了实际入住，才会成为酒店当天的实际入住率。这个百分比是可以超过100%的，因为小计里面的Blocked房量只是占房，只有酒店实际收到订金或收到签好的合同之后才能形成确认的预订。

（9）最后一行指的是 14 天来的总数。

表 2-7　某酒店 14 天的入住情况

2020 年 6 月 2 日—6 月 16 日						
（1）报表日期：2020 年 5 月 1 日						
（2）时间	（3）星期	（4）可用房量	（5）预订房量	（6）Blocked	（7）小计	（8）出租率
6/2	周一	1400	825	60	885	63.2%
6/3	周二	1400	725	250	965	68.9%
6/4	周三	1400	610	210	820	58.6%
6/5	周四	1400	800	700	1500	107.1%
6/6	周五	1400	475	1100	1575	112.5%
6/7	周六	1400	450	650	1100	78.6%
6/8	周日	1380	275	125	400	29.0%
6/9	周一	1380	925	0	925	67.0%
6/10	周二	1380	850	250	1100	79.7%
6/11	周三	1400	725	400	1125	80.4%
6/12	周四	1400	875	400	1275	91.1%
6/13	周五	1400	550	50	600	42.9%
6/14	周六	1400	500	50	550	39.3%
6/15	周日	1400	325	75	400	28.6%
（9）合计		19540	8900	4320	13220	67.7%

酒店也可以基于实际入住的客房数而不是预订的客房数进行分析，通常可以使用以下公式：

可售房数量 = 酒店总可用客房数 − 总预订客房数　　（2–2）

酒店会在表 2–7 的基础上，将第七列换成酒店当日未销售的客房数量。

现时数据可以很容易地从酒店的 PMS 系统中获取，收益管理工作者可以使用以下公式来计算和分析酒店在未来能够销售的客房数量。

总的可用客房数 − 总的不可销售客房数 − 总的预订客房数 = 总的可售客房数　　（2–3）

由于很多酒店在某些时期或一年中不接受散客的预订，因此在很多情况下，酒店需要监测 52 周或一年的客房预订情况。反过来说，就是预订的提前时间长短问题，但现在是站在今天的角度，看未来某个时间点的预订量。这些规律对于酒店在监测现时数据和预测未来数据方面有着重要的作用，因此需要酒店专注于自己的工作，不断找出酒店自身的规律，并且进行更深入的分析（比如，分析每个细分市场的预订规律）。

2. 团队客房的预订进度报表

表 2–8 列出了一些酒店品牌在美国地区可以接受的顾客对于未来客房预订的时长。从表中可以看出，大部分酒店是不能够进行 1 年或 1 年半以上预订的，这在一定程度上给收益管理工作者跟踪预订进度表设定了时间上限。

表 2–8　酒店能够接受的未来预订时间

酒店品牌	直营或加盟的酒店数量	接受预订的时间
精选酒店（Choice）	5376	364 天以内 /52 周以内
最佳西方（Best Western）	3952	350 天以内 /50 周以内
洲际（IHG）	3741	350 天以内 /50 周以内
希尔顿（Hilton）	2935	364 天以内 /52 周以内
雅高（Accor）	4121	404 天以内 /57 周以内
万豪（Marriott）	2832	350 天以内 /50 周以内
温德姆（Wyndham Hotel Group）	6473	品牌不同，时间不同 / 通常是 6 周到 1 年
总数	29430	

酒店应该不断地监测团队客房的现时数据。团队订房进度表概括了团队客房的未来需求，但它们不代表着在未来真正销售出去的客房数量。

PMS 系统并不能帮助预测、记录和报告的是实际宾客的预订情况。因此，在大部分情况下，这些预测数据将会在预订进度报表中得到体现，并且需要实时更新以及在酒店销售与市场部的档案中进行保存。

为了更好地理解分析团队客房预订进度报表的重要性，可以举市中心的一家酒店接待团队的案例。该酒店位于一所大学附近，这所大学每年都会举办全国性的技能大赛。比赛期间，酒店的客房入住率经常能够达到 100%。在这种情况下，酒店的销售经理应该签订一份合同来保证技能大赛参赛队伍的入住。因此，酒店需要提前一年甚至更长时间锁定或占用这些客房。这些锁定或占用的客房将不会进入 PMS 系统，因为这些系统只会记录提前一年的预订。为参赛队伍保留团队房的约定将会在酒店团队预订进度表中得到体现。在酒店里，主办大型会议的团队预订可能意味着锁定或占用未来多年后某一段时间的客房，比如 2001 年确定北京成为 2008 年奥运会的举办城市之后，北京很多酒店 7 年之后的客房就被锁定了。了解酒店哪些客房已经被预订出去对于更好地进行价格和客房存量管理帮助巨大，而团队预订进度表是一种很好的工具。

酒店应该确保保证类预订的团队能够被及时记录，虽然，其中一些销售可能会在未来的一个月或更长时间之后才能发生。如果酒店发生了团队取消预订或者锁定或占用的房量提前减少，这些情况都应该反映在更新的团队预订进度报告中。

与销售团队一起工作的收益管理工作者应该每个月都对预订系统里的团队预订状态进行跟踪。当团队客户在入住日期之前的很长时间里向酒店询问并预订 500 间客房，并针对细节与销售人员进行谈判时，销售人员会告知预订人员将客房预订上，但这时一些预订细节还没有完全确定下来，预订人员会将这些团队标注成“咨询”状态。这样，在此期间销售部门的其他销售人员接到其他预订，想占用这些客房的时候就会和同事进行必要的沟通。当“咨询”状态的预订出现在团队客房预订进度报告里时，关于客房的数量、预订天数都应该在报告里得到及时的反映。

酒店需要从以下两方面来评估未来客房的销售情况。第一，多少间客房在什么时间被销售？第二，未销售的客房在多长时间能够被销售出去？预订进度报表能够帮助酒店解决未销售的客房将会在什么时间被销售出去的问题。为了评估酒店客房销售的进度情况，酒店应该使用实时更新的、准确的、每月或更短时间内的团队客房进度报表。

酒店收益管理工作者可以根据售出的客房数量、销售额（以货币为单位）或两者来编制进度报告。它也可以被制作成包含未来任何一段时间内售出的团队客房数量。大多数销售客户经理倾向于单独报告团队取消情况，并在销售取消的月份（而不是团队预订到达的时间）报告。也就是说，如果一组100间客房在1月份取消了他们在即将到来的6月份的客房合同，那么这个价值应该在1月份（而不是6月份）的预订进度报告中注明，还应监控现有的未签合同通常不被视为最终销售，甚至有的酒店将定金的汇入作为最终销售的依据，因此在已签署的合同或客房承诺得到保证之前，通常不包括在团队客房进度报告中。

预订进度报告有助于收益管理工作者了解未来可能存在的定价机会或挑战。当然，团队客人预订的客房数量通常只是在这些客房实际入住之前要出售的客房的估计数。因此，酒店销售和营销团队报告的团队销售额在实际销售的客房数量方面要切合实际。如果销售团队明显高估了团队销售的数量，则预订进度报告将被人为夸大，并可能导致管理者基于该报告做出错误的收益管理决策。

（三）未来数据

对历史数据和现时数据的实时跟踪分析有助于酒店更好地理解酒店客房前期与现在的需求状况。这些数据是很重要的，因为酒店可以根据它们进行决策和估计客房未来的需求。酒店的主要工作就是从过去的教训中学习，进而管理现在和规划未来。对于未来规划的重要性，美国工程师Charles F. Kettering曾这样描述，“我的兴趣是未来，因为我生命的剩余时间是在那里度过的”。

1. 未来需求的影响因素

酒店在收益方面的重要工作之一就是数据的分析应用和对收益管理过程的直觉的应用。精确地估计酒店客房的未来需求需要酒店管理者的经验和直觉。因为酒店客房的未来需求被各种因素影响着，而且酒店的影响因素也会有差异。这就要求管理者们不仅要了解这些影响因素，还需要灵活运用它们。这些影响因素包括：

（1）消费者需求的偏好；

（2）国家或地方经济的发展周期；

（3）酒店产品或服务的变化情况；

（4）竞争对手的开业或关闭情况；

（5）可预见的事件，如展会的召开或季节性；

（6）不可预见的事件，如公路的修建或恶劣的天气；

（7）竞争对手的价格策略；

（8）酒店的价格策略情况。

2. 未来需求的预测

酒店使用未来（或预测）的数据对未来需求进行预测。为了说明未来数据和信息的重要性，请看下面案例。

案例 2-3

某酒店的“浪漫之旅”促销活动

假设在某城市的会议中心附近有一家500间客房的广场酒店。由于它的客源主要是团队和商务散客，因此周中酒店的生意较好，而周末生意较淡。收益管理的工作是想办法使酒店周五和周六的入住率达到50%~60%。酒店管理者通过对顾客的需求的了解，发现可以通过“浪漫之旅”的包价产品促销活动来吸引更多的当地居民入住酒店，进而实现50%~60%的入住率。

“浪漫之旅”包价包括酒店门市价七折的客房。酒店从当地的会议与旅游机构了解到当地要在三年之后举办国际酒店教育者联盟会议。这是此次会议第一次在当地召开，因此酒店没有相关的历史数据作为参考。这个教育者联盟共拥有5000名会员，且此次会议将于七月的第三个周末在当地的会议中心举行。而位于会议中心的广场酒店绝对是参会人员的最佳住宿地点。会议中心区域的酒店将会在那个周末以门市价全部销售掉。收益管理工作者根据这些信息应该立即取消那个周末的“浪漫之旅”优惠价格。

酒店做出上述决定而不会考虑以下事实：

（1）PMS系统中没有与此次会议相关的历史数据；

（2）PMS中还没有会议举办时间对于客房的任何预订信息；

（3）酒店还未与任何机构签订销售合同，也没有任何团队预订举办时间的客房；

（4）数据是三年之后的。

对于酒店收益管理工作者来说，不可能每次都会发现影响需求预测的事件，但是细心地观察历史数据与现时数据，以及将要发生的对于客房需求会产生影响的事件（尤其是MICE）应该是收益管理工作者的常规工作。因此，收益管理工作者必须在日常工作中注意以下问题：

（1）了解当地可能影响酒店需求的特殊事件；

（2）了解区域内竞争对手的需求状况，考虑区域内任何新开或关闭酒店的情况；

（3）当发生重要的影响需求的事件（包括非常规事件，恶劣的天气，断电情况，机场或高速公路的关闭）时，及时调整对于需求的预测。

在某些个别的情况下，未来需求是无法预测的。比如，在加利福尼亚州洛杉矶的斯台普斯中心举办迈克尔·杰克逊的追悼会的消息会对当地酒店产生怎样的影响是很难估计的。就像某假日酒店的总经理凯利说的："这个事件影响将是任何我们经历过的事件的 10 到 100 倍。""在周四杰克逊的追悼会被公布之后的 48 小时内，酒店所有的客房全部被预订出去了。"

酒店将未来事件的不确定性放在一边，对需求进行预测的原因有以下几点。第一，酒店日常工作中必须进行收入预算的制定，员工招聘和培训计划；第二，酒店要根据市场的淡旺季情况进行装修和维修事宜的安排；第三，酒店要根据需求状况进行价格的调整与制定，当 2001 年 7 月 13 日北京时间 22 时，萨马兰奇宣布"2008 年第 29 届奥运会举办权授予北京"那一刻之后，就有很多电话打到北京的酒店进行 2008 年客房的预订了，但当时很多酒店却还没有客房价格。通常来说，那些对客房需求进行预测的酒店，其收入会提高 1%~5%。

酒店的收益管理工作者会对酒店客房需求进行一年甚至更长时间的预测，并且根据每月获得的新信息、数据和自身的经验对预测数据进行调整。酒店的收益管理工作者需要对客房需求进行三种不同种类的预测，包括入住率的预测、需求预测和收入预测。从表 2–9 中，我们可以看到每种预测的特点与主要目的。这三种预测都应该依赖历史数据、现实数据和未来数据，以最大化酒店的入住率。

表 2–9　预测类型及其特征和目的

预测类型	特征 / 目的
入住率的预测	1. 至少体现未来 1、2、7、14、21 天的数据； 2. 预估日或周平均入住率； 3. 有助于酒店员工排班。
酒店需求预测	1. 识别市场需求是否超过酒店客房供给； 2. 识别市场需求低的时间； 3. 有助于调整房价。
收入预测	1. 有助于估测平均每间可用房收入（RevPAR）； 2. 有助于酒店根据收入预测编制预算； 3. 有助于酒店估算现金流预算。

任何种类的预测都是以酒店的收益管理工作者对于预测内容组成部分完

全理解而开始的。表 2–10 的案例可以说明酒店预测时可以使用的公式。这家酒店拥有 300 间客房，其数据是 10 月 1 日的入住率预测。

酒店可以尝试将可售房按照每种房型进行预测，这样做使收益管理工作者的客房预测工作变得更加困难，但这对于调整房价至关重要，本书第七章会详细阐述其重要性。

表 2–10　某酒店客房预测数据

可用房量	300
（减）OOO 房	–0
净可用房量	300
在店顾客延住客房数（Stay overs）	40
（加）已预订房量	+150
已售或已预订房量	190
预测调整	
（减）预订未到（No–shows）	–15
（减）早离店（Early departure）	–5
调整后总的客房预测或已预订客房数	170
预测	
已售客房数	170
入住率（Occ%）	56.67%
可售房量	130
可售房量所占比例	43.33%
平均房价（ADR）	185.00
客房收入	31450.00
RevPAR	104.83.00

不同类型客房销售的监控是收益经理的重要工作，而且平均房价如果依据不同类型的客房进行预测将更加准确。但是，无论收益经理依据总可用房量还是依据客房类型进行预测，预测方法都应该是统一的。表 2–10 的数据，可售房量、OOO 房、延住房量和预订的客房数都是来自酒店 PMS，作为 RM，很容易从酒店系统中得到。因此，RM 进入一家新酒店的第一项工作就是统一酒店相关报表的统计信息。

在表 2-10 中有三项是预测需求时需要调整的项目（预订未到 No-shows，早离店 Early departure 和在店顾客延住客房数 Stay overs），这三个项目是未来的数据而不是现在发生的数据，它们是 RMs 根据酒店的历史数据预测出来的。

3. 需求预测的错误使用情况

酒店收益管理工作者只有使用准确的预测才能做出正确的决策。但是现实和理想还是有差距的，并不是所有的预测都是准确的。比如，一家拥有 1000 间客房的酒店，收益管理工作者预测未来某一晚上会卖出 800 间客房，而不是 700 间或 900 间，原因不是收益管理工作者的方法错误，而是由于制度原因或迫于外在的压力。以下内容提出了导致收益管理工作者做出错误预测的一些因素。

（1）低水平预测的制度原因

由于酒店里对于超出预测有重要的奖励制度存在导致预测值偏低。比如，酒店的收益管理团队可能是由以下人员构成：业主代表、重要股东或者酒店管理公司，酒店对于超出预测部分有财务或其他奖励。这些会导致收益管理工作者在预测时尽可能低地进行估计。

相似的情况，酒店总经理也可能会对超出计划、预算或者收入预测的部分进行奖励。当这些奖励的数额很高时，收益管理工作者就会过低地估计未来的需求。

（2）出现较高预测值的外部压力原因

就像过低地估计需求一样，酒店会为了完成外部或内部任务而过高地估计需求。酒店的所有者（或业主方）想在将来某个时间内将酒店整体进行出售时，他们会迫使收益管理工作者或其他酒店管理者过高地估计未来的需求，因为这样做可以提高酒店的整体价值。

大多数情况下，预测客房的未来收入是决定是否购买该设施、其购买价格或其作为持续投资的估值的关键因素之一。在这种情况下，酒店卖家或现有运营商可能会面临巨大压力，他们需要做出收入预测，并将其分发给这些预测收入远高于通常实际收入的投资者群体。在美国，2009 年底，每间可销售房收入比上一年度下降了 15% 或更多，许多酒店都拖欠抵押贷款，业主被迫出售。潜在买家根据酒店的创收潜力来确定他们是否为这些不良资产支付金额。在这些情况下，酒店的所有者可能会对酒店管理层施加巨大的压力，要求他们做出过于乐观、夸大甚至严重夸大的收入预测。

在太多情况下，这种过于乐观的销售预测是为了鼓励地方政府实体投资酒店，其中许多地方政府不熟悉客房收入预测的编制方式方法，因此，缺乏对预测有效性的评估。

（3）出现较高预测值的其他压力原因

人为地高估销售额也可能用于与内部人力资源相关的目的。一些酒店专业人士认为，较高的销售额估计可以促使销售部付出更大的努力。例如，如果某个月的实际预期入住率为 75%，则该月的预测值可能会改为 80%，以鼓励销售部的员工更加努力地工作。

如果为了激励员工做出更大的销售努力而将预测设定得特别高，那么企业必须明白，预测已经成为一种激励工具，而不仅仅是一种收入管理工具。虽然使用较高的目标或预算，作为激励那些对组织创收负有责任的个人的手段，肯定没有任何内在的错误或不道德之处，然而，做出不准确的预测绝不应该是专业收益管理工作者的目标。相反，收益管理工作者应该明确指出，他们自己的目标是生成销售额或收入的预测，是对可用数据的最佳解释以及对该数据的诚实洞察力的应用。

二、预测数据的来源及获取

预测数据往往要根据历史数据、现时数据进行预测、分析、调整得出，而每类数据的来源与获取方式又是不同的。

（一）酒店内部数据的获取

酒店内部数据包括酒店历年的经营数据和宾客档案，这类资料的收集可以从酒店客史档案或相关计算机管理系统中（如 CRS、PMS 等）获得。比如历年来每日的客房预订量、每日各类客房各个渠道的销售价格、团队的预订和入住销售信息等。这些信息一般都存在于酒店的内部管理信息系统中，但由于酒店前台的工作要求不同，PMS 软件不同，很多酒店在原始信息收集的时候信息收集不完善，导致收益管理工作者在预测时无法利用更详尽的信息进行预测；有的时候酒店 PMS 系统中的报表功能不完善，需要酒店耗费大量的人力和精力重新整理数据。

因此，从这一点上可以看出，收益管理是一个系统的工程，而不仅仅是收益管理工作者坐在电脑前面处理一下数据就能提高酒店的营业额。收入的最大化需要各个部门一起行动起来，相互配合，共同来实现，各个一线部门应该从数据的收集开始。

（二）竞争对手的信息获取方式

除了酒店内部经营数据的挖掘之外，竞争对手的数据也能够帮助酒店做出正确的决策。比如，通过与竞争对手入住率的对比，酒店就能了解到自己的销售提升空间等。由于财务或销售信息属于酒店的机密信息，所以酒店一般规定在未被允许的情况下是不能够透露出去的。但是，酒店管理者也可以通过以下方式获得一些竞争对手的信息。

（1）线下获取方式

鼓励员工与顾客交流，尤其是前台，可以通过询问顾客以下问题，从而得到一些关于竞争对手的信息。

"您第几次来我们城市？"

"您这次是出差，还是旅游？"

"您之前住哪家酒店？那家酒店哪些地方有意思？"

"您觉得那家酒店什么地方做得让您满意，什么地方让您不满意？"

"您这次为什么会选择我们酒店？"

"您是从什么渠道、什么方式知道我们酒店的？"

图 2-2　前台与顾客的交流是获取竞争对手信息的重要方式

（2）线上获取方式

酒店可以通过第三方平台查询竞争对手的详细信息，包括各个房型的价格、点评等信息，尤其是客人的差评，掌握该商圈内最容易让客人恼火的常见问题。

通过以上方式，找到有哪些酒店和自己的客源有相互对流的现象，观察和分析竞争对手的优势和不足，就可以发现自己的优势和不足。

（3）建立酒店间的沟通机制

通过以上两种方式，酒店虽然可以了解到竞争对手的一些信息，而且这些信息往往比较客观，但有助于预测的信息还是比较少，比如入住率、平均房价，等等。

这种情况对于任何一家酒店都是类似的，因此，酒店可以与竞争对手建立互通机制，每天相互之间共享自身的出租率和平均房价等信息。酒店据此可以调整收益管理策略。

（4）使用第三方数据平台

以上都是传统的工作模式，酒店需要每天在不同时间关注竞争对手涨价、降价、各房型销售状态、销售政策等信息，需要有专人高频率地关注每一个竞争对手的状态。这在现在人力成本越来越高的情况下，酒店很难实现。

但如果酒店使用第三方数据平台，会有助于酒店的收益决策。这种第三方数据平台包括美团酒店“公明收益”或史密斯旅游研究（STR，Smith Travel Research）。

第二节　市场需求预测的内容和步骤

一、市场预测的主要内容

（一）市场需求预测

酒店收益管理中的市场需求预测是指对特定的顾客群体在一定的时期内和一定的市场环境下所购买的酒店产品总量的预测。其中包括需求量，需求产品的种类和消费时间等变动趋势的预测。预测的目标是酒店总市场潜在销售量或竞争群体的总市场潜在销售量。

市场需求预测的主要目的是酒店收益管理工作者既要弄清未来本地区市场的总需求量到底有多大，也要掌握本酒店产品未来的市场总需求量是多少，从而来估计本酒店未来产品的销售量、销售额以及市场占有率等。

（二）市场供应预测

酒店所处的市场供应预测主要是指对在一定时期内可以投放到特定市场酒店产品资源的预测。例如，某酒店收益管理工作者需要预测明年本地区或酒店周边将要增加或减少的酒店数量、床位数量或餐位数量以及增加或减少后的存量等，都属于对市场供应的预测。

市场供应预测的主要目的是要了解和掌握本地区未来市场的竞争态势，从而根据市场可供应量的预测来制定合理的产品价格。在收益管理工作中，通常需要把市场需求预测和供应预测结合起来，用以预见未来市场供求矛盾的变化趋势，合理应用价格杠杆来平衡矛盾。

（三）环境意外事件的预测

市场环境是影响酒店日常经营的主要事件。有利市场环境的事件有助于酒店增加需求，提高收益；而不利市场事件会对酒店的经营带来较大的负面影响。例如，2008 年北京奥运会给北京旅游和酒店市场带来很大的商机，这是因为奥运会期间市场对酒店客房及餐饮产品的需求量急剧上升，甚至出现一房难求的局面。酒店的房价也因此大幅度上涨，有的甚至上涨了数倍。可以说，不少酒店在此期间赚得盆满钵满，收入成倍地增长，属于有利市场事件。再如，2014 年 2 月于西非的埃博拉暴发疫情，给非洲的旅游业带来较大的影响，此事件给人们带来了恐慌的心理，他们取消了原有的行程或改变了旅游目的地，这一影响波及当地的酒店市场，市场需求的快速下降导致当地酒店业收入的大幅度减少，是典型的不利市场事件。

图 2-3　2008 年北京奥运会给北京旅游和酒店市场带来巨大商机

对环境意外事件的预测，收益管理工作者应该定期分析市场环境的变化趋势，善于从中找到对酒店市场有利的因素，规避不利因素，从而对未来市场做出更加准确的预测，降低酒店的经营风险。

二、市场预测的步骤

市场预测是一项系统工程，不仅要对相关市场数据进行收集和运算，而且需要对运算结果进行分析和决策。市场预测过程主要包括两个阶段：第一个阶段为归纳阶段，包括预测目标的确定、收集酒店的历史数据和对数据从事分析与提炼工作；第二个阶段为推断阶段，包括选择预测方法、实施预测和对预测结果进行比较、分析和评价。一般把预测分为确定预测目标、收集数据、选择预测方法和分析预测误差四个步骤，并参照以上两个阶段的思路来分步实施。

（一）确定预测指标

预测指标（也称预测变量）的确定，是预测工作开展的基础。只有确定了清晰的预测指标，才能有目的地收集与指标相关的数据，选择对应的预测方法并建立预测模型进行预测。

在酒店经营管理工作中，预测指标通常是根据收益管理工作的需要来确定的。常用的指标主要有市场潜在总需求量、客房预订量、客房超额预订量、客房容量分配和酒店市场占有率等。指标确定流程一般由收益管理工作者根据酒店要实现的收益目标提出预测指标，通过酒店收益管理例会讨论、分析和评价后，最终由酒店收益总监或销售总监或总经理来决定。指标预测的主要目的是对未来市场态势提早进行估计，降低由于市场存在的不确定性而带来的经营风险，为管理者对酒店市场做出正确决策提供依据。例如，为能使酒店在直销或分销渠道中公布的未来 90 天的房价最大限度地满足市场需求，收益管理工作者需要把客房的预订量和销售价格作为需要预测的指标，定期分别进行预测，从而减少因房价过高或过低给酒店造成的潜在经营损失。正是因为有了未来 90 天客房预订量和销售价格的预测，才能正确地处理好客房出租率和平均房价之间的平衡关系，实现客房收入最大化。

（二）收集数据

要进行市场预测，必须有充足的数据资料。市场预测一般需要收集的数据资料有两类。一类是酒店历年经营和现在的客史资料，这类资料的收集可以从酒店客史档案或相关计算机管理系统中（如 CRS、PMS 等）获得。例如，酒店每日客房的预订量、每日各类客房的销售价格、顾客的入住天数、每日宴会预订量以及每日超额预订量等，都属于这一类资料。另一类是市场资料，包括历史、现在和未来的数据资料。资料的内容包括市场供需情况、竞争对手的经营资料以及市场环境意外事件等。譬如：未来 90 天是否有宏观经济政策的调整，新酒店开业或老酒店关门，竞争对手是否有新产品或营销策略推出，以及有无突发的意外市场事件等。

（三）选择预测方法

进行市场指标预测，就需要选择合适的预测方法并建立相应的预测模型。在市场预测工作中，有很多不同的预测方法，每种预测方法针对不同的预测指标或目标可能会不同。如果选择了错误的预测方法，将会导致预测的结果不准确，降低预测的可信度。因此，针对不同指标选择正确的预测方法十分重要。通常，主要从以下三个方面来考虑预测方法的选择。

1. 预测方法要与预测指标相适应

不同性质的预测指标，与其相对应的预测方法可能不同。例如，在预测酒店客房预订量时，因其随着时间和季节性的变化而变动，所以需要考虑消除季节性不规则变动的因素来进行预测，一般可选择时间序列分析法中的移动平均法或指数平滑法等。而在客房分配决策模型的选择上，由于存在着价格差异的因素，则选择随机规划模型较好。总之，要根据指标的性质来分析判断和选择合适的预测方法和模型。

2. 考虑预测周期长短的适应性因素

即使是同一预测指标，除上面讲到的正确选择预测方法外，还要考虑预测周期长短的适应性因素，既要满足对预测结果的需求，又要看所选择的预测方法是适合进行短期预测，还是中长期预测，以提高预测的准确性。例如，移动平均法适合于近期或短期的预测，而类比法或回归分析法则更适合于中长期预测。

3. 预测方法的选择要切实可行

在预测学科领域，有很多不同的预测方法。特别是随着科学技术的发展，新的预测方法更是层出不穷。因此，在酒店收益管理市场预测方法的选择中，应本着简单易懂、便于运用的原则，来选择合适的预测方法。否则，会耗费收益管理工作者大量的时间，降低收益管理工作的效率。预测工作中，并非选择的模型越复杂，预测的结果就越准确，预测结果的准确，关键在于对模型的正确选择和运用。当然，如果酒店运用收益管理系统来进行预测，一切将变得更加简单和有效。

总之，在选择预测方法时除了需要考虑以上因素外，还要对预测指标或对象进行观察和综合分析，找到其运行和发展的规律，使实践工作经验与预测理论相结合，才能获得满足工作需求的预测结果。

（四）做出预测

对选定的指标做出预测，是预测工作的重要环节，也是预测的最后一个阶段。一般来讲，应遵循以下两个方面的原则。

1. 选择合适的预测模型

预测的方法是多种多样的，即使是同样的预测方法，也可以有不同类型的预测模型供我们选择。例如，时间序列分析法中的简易平均法和移动平均法就有着不同的预测模型，而不同的预测模型预测出的结果也会不同，这就需要预测人员在选择中做出正确的分析和判断。

2. 测量预测误差

通过预测模型计算得出的预测结果只是预测的初始值，由于市场存在着系统的复杂性和随机性，而且也会因为资料收集不全、信息不完整、预测经验不足等因素的影响，使预测结果存在着一定的误差。需要收益经理根据相关知识和工作经验来分析判断预测结果的可行性，并经常性地对预测结果进行验证，找到存在的误差并加以修正。

（五）修正预测

修订预测存在的误差，是对预测结果进行决策的最后环节。每次预测，都需要进行误差分析，对超出误差范围的预测值进行修正和调整。在酒店收益管理工作中，通常需要从预测人员到收益经理乃至酒店高级管理人员来共同对预测的结果加以判断、分析和调整，最终确定预测值。

第三节　市场需求的预测方法

一、收益管理的定性预测方法

由于定量预测是基于历史的数据，所有的预测，无论是通过软件还是通过表格计算出来的，都需要人为的调整。因为酒店所处的市场环境在发生不断的变化，比如政府的政策法规、当地一次性大事件的发生等，而且这些变化不会在定量预测时体现出来。定性预测法强调依靠人的判断，主要运用个人的经验、知识和感觉进行预测。当然，这些判断需要调查研究和收集信息来支持。收集的信息要符合逻辑，有系统性，没有偏见。常见的定性预测方法有市场调查法、管理人员意见综合法、销售人员意见综合法以及德尔菲法等。

（一）市场调查法

市场调查法要求系统地收集、记录和分析与酒店产品服务密切相关的信息，以掌握市场需求情况和市场竞争情况，以确定产品、价格、细分市场、销售渠道等的定位和组合，并据此预测酒店的销售情况。

酒店收益的优化很大程度上建立在预测的市场需求与剩余的空房数量的关系上，因此酒店应该把竞争对手的情况考虑在内。在本章第一小节的内容里详细讲述了获取竞争对手信息的方法，酒店工作人员可以参考使用。

（二）管理人员意见综合法

这种方法要求酒店经营管理部门的负责人，如财务总监、销售总监、收益管理总监、房务部总监、餐饮部总监等独立地进行销售情况的预测，然后开会讨论，汇总所有人的预测结果，反复进行讨论和调整，最后就销售情况的预测结果达成一致的意见。在他们独立进行预测时，需要给他们提供关于市场情况的展望报告，例如明年本地旅游市场的趋势预测报告以及酒店产品和服务变化情况的报告。市场情况的展望报告通常从专业的酒店管理公司或行业管理机构处购买得到，这些公司和机构通常专门组织人力和财力对市场进行深入细致的研究，他们提供的信息弥补了酒店自身所获信息的不足。

（三）销售人员意见综合法

销售人员意见综合法是召集负责各细分市场和销售渠道的销售人员对顾客的购买量、市场需求变化趋势、竞争对手动向等问题进行分析，然后对预测结果进行汇总，达成共识的预测方法。

酒店的销售部门通常有若干个销售经理，他们分别负责不同细分市场和销售渠道的管理工作。例如，有的销售经理专门负责管理公司协议，负责与有关公司客户的沟通和联络。他们除了要维护现有的客户外，还要争取获得更多的新客户。在更为成熟的市场，公司协议还可以根据行业细分为医疗保健业、生产制造业、金融保险业、能源供应业，等等，由不同经理进行对口管理，还有一些销售经理负责政府部门或非营利性行业市场的管理和开拓，如教育、科研、慈善、体育和宗教等。另外，还有一些经理专门负责团队市场的管理和开拓，如各种展览会、研讨会、联欢会、婚宴、寿宴和大中型文体活动，等等。这些经理有不同的分工和专长，还有实际的工作经验，直接接触客户和了解市场。他们能对各细分市场的历史现状和发展趋势有比较深入的认识，所以，让他们对各自所负责领域的情况进行预测，然后对他们的意见加以讨论和汇总也可以取得较可靠的预测结果。

二、收益管理的定量预测方法及其应用

定量预测方法通常分为时间序列分析预测法和因果关系分析法，这也是预测工作中常用的两种方法。

时间序列预测法是以预测对象的时间序列数据为基础，通过相应的数学运算方法或建立数学模型来进行预测，从而描述其发展规律和趋势的一种预测方法。其前提是假设预测对象未来的发展规律和趋势与过去和现在具有相同的延续性，不去考虑事物在发展过程中的因果关系。时间序列预测法比较直观，逻辑性强，容易被预测人员理解和掌握。常用的有加权平均法、移动平均法和指数平滑法等。

因果关系分析法是从预测对象之间的因果关系入手，以经济理论和实际统计资料为依据，运用数学、统计学方法和计算机技术，建立回归分析模型

来预测的一种预测方法。因果关系分析法综合运用了经济学、统计学方法和计算机技术，通常需要借助 Excel 表格工具、预测分析软件（如 EVIEWS 软件）或酒店收益管理系统来进行预测。常用的有线性回归预测法、非线性回归预测法等。

时间序列预测法和因果关系分析法是两类不同的定量预测方法，时间序列预测法根据预测对象（酒店市场指标）本身的历史数据去预测未来，因果关系法注重分析影响预测对象的各因素所造成的影响。相对而言，因果关系分析法在短期的外推预测中应用较为频繁，因果关系法在长期预测中对预测精度更为有效。

本节主要介绍酒店需求预测中常用的时间序列分析法中的加权平均法、移动平均法。

（一）加权平均法

加权平均法是简易平均法中一种常用的方法。加权平均法中，把所收集到历史数据的应用数值通常称为观察值，而每个观察值对未来预测的结果都会产生影响。随着时间的推移，每个观察值因受到诸多因素的影响而发生变化，距离预测期越近，对预测值的影响越大；距离预测期越远，对预测值的影响越小。因此，根据观察值距预测期的远近不同而给予不同的权重，距预测期远的观察值给予较小的权重值，距预测期较近的观察值，给予较大的权重值。把这种给予观察值以不同权重值后，通过计算加权平均数而获得预测值的方法称为加权平均法。其公式表示为：

$$\hat{X}_{n+1}=\bar{X}_F=\frac{X_1F_1+X_2F_2+\cdots+X_nF_n}{F_1+F_2+\cdots+F_n}=\frac{\sum_{i=1}^{n}F_iX_i}{\sum_{i=1}^{n}F_i} \qquad (2\text{-}4)$$

上式中，$\hat{X}_{n+1}$ 为预测值；$\bar{X}_F$ 为观察期内预测指标的加权平均值；F_i 为与 X_i 相对应的权重数；X_i 为观察期内的实际数值即观察值；n 为数值的个数。

在权数的取值中，一般取权重数为小数，按照 $\sum_i^n F_i=1$ 的原则来取值。权重取值的正确与否，关系到预测结果的准确性，具有非常关键的作用。由于目前尚没有科学的方法来计算权重数的取值，所以一般需要收益经理在工作实践中善于积累和总结，找到本酒店权重数取值的规律，更好地应用于预测工作中。根据预测的需要，权重的取值也可以是等比数列或等差数列。下面举例说明。

假设某酒店有客房 300 间，2017 年至 2021 年每年 5 月 18 日出售的客房数量如表 2-11 所示。2022 年 4 月 18 日，已确认预订该酒店 2022 年 5 月 18 日的客房为 58 间，假设不考虑预订取消和顾客预订未到（No-Show）因素，请用加权平均法计算该酒店 2022 年 5 月 18 日还能卖出多少间客房？

表 2-11　2017 年至 2021 年某酒店客房的预订量历史数据

日期	卖出的客房量（间）
2017 年 5 月 18 日	293
2018 年 5 月 18 日	287
2019 年 5 月 18 日	300
2020 年 5 月 18 日	291
2021 年 5 月 18 日	289

首先根据加权平均法，本例中的 $X_1 = 293$；$X_2 = 287$；$X_3 = 300$；$X_4 = 291$；$X_5 = 289$。

根据实践经验，按照距离预测期较远的观察值给予较小权重，距预测期较近的观察值给予较大权重数的原则。假设 2017 年的权重数 $F_1 = 0.02$；2018 年的权重数正 $F_2 = 0.03$；2019 年的权重数 $F_3 = 0.1$；2020 年的权重数 $F_4 = 0.15$。由于 2021 年距 2022 年最近，因此取较大的权重数 $F_5 = 0.7$。

因此，

$$\hat{X}_{2022} = \bar{F}_{2015} = \frac{X_1 F_1 + X_2 F_2 + \cdots + X_n F_n}{F_1 + F_2 + \cdots + F_n}$$

$$= \frac{293 \times 0.02 + 287 \times 0.03 + 300 \times 0.1 + 291 \times 0.15 + 289 \times 0.7}{0.02 + 0.03 + 0.1 + 0.15 + 0.7}$$

$$= 290\ (\text{间})$$

通过以上计算得到的预测值 290 间意味着该酒店在 2022 年 5 月 18 日有 290 间的客房需求量，而题中已知该日期已确认预订的客房数为 58 间，则该酒店 2022 年 5 月 18 日还能出售的客房量为 290−58 = 232 间。

加权平均预测法因为存在通俗易懂、操作简单以及运算方便等优点，成为酒店最常用的预测方法之一。缺点是预测中只将实际值作为计算依据，没有考虑市场需求不规则的波动因素，而且预测值也存在着一定的滞后性，因此，预测的结果会存在一定的误差，需要酒店收益管理工作者根据市场环境情况来进行修订。

（二）移动平均法

在使用加权平均法时，由于没有考虑市场需求的波动因素，给预测的准确性带来一定的影响。这是因为随着时间的推移，过去的数据距离预测期越来越远，而新的数据又在不断地产生，这就使得过去的数据随着时间的推移在逐渐失去功效，对预测结果的影响逐渐减小以至于最终为零。而移动平均法正是规避了以上不合理因素，其主导思想是在预测过程中，新产生的数据要比距预测期较远的旧数据作用大得多。因此，移动平均法是按时间序列将观察值由远到近进行排列，并按一定跨越期来计算平均值的一种预测方法。移动平均法并不需要对所有的历史数据进行平均计算，而是一般选取 5 到 15 个观察值用于平均值的计算。随着时间的向后推移，按照选定跨越期的平均值也在向后移动，便可形成由新的平均值组成的时间序列，从而使预测的结果随着新的观察值的产生而不断更新，最后一个预测值是预测计算的依据。

移动平均法的特点体现在两个方面。一是在相对较长的观察期内，时间序列的观察值因为受到随机因素的影响，呈波动状变化。因此移动平均法能够消除历史数据不规则变动和季节波动所带来的影响，弥补了简易平均法的缺陷，较好地修匀了时间序列。二是移动平均法所需历史数据的观察值比较少，因为随着时间的移动，远期的观察值对预测期数值的确定几乎不再产生影响，这使得移动平均法可被长期用于对酒店某一目标值的预测，而无论延续多长时间，所保留的观察值都在不断地更新，无须增加，只需保留跨越期内观察值的数据即可。移动平均法通常被用来测算酒店产品市场需求量和收入的预测，尤其是客房需求量和收入。通过对未来某一个时期客房需求量的预测，可以及早掌握客房的需求情况，从而来合理地分配客房和制定该时期内的房价，避免定价或客房分配出现偏差。

移动平均预测法既适合于有趋势变动又有波动的时间序列，也适合于存在季节变动现象的预测，能够较好地消除随机因素引起的不规则变动对市场现象时间序列的影响。移动平均法主要有一次移动平均法、二次移动平均法和加权移动平均法。

本书只重点介绍一次移动平均法。一次移动平均法是按照确定的跨越期将观察值分为若干组数据，通过计算出各组数据的算数移动平均值，并将其作为下一期的预测值的预测方法。其公式可表示为：

$$Z_{t+1}=M_t^{(1)}=\frac{Y_t+Y_{t-1}+Y_{t-2}+\cdots+Y_{t-n+1}}{n} \tag{2-5}$$

式中：Z_{t+1} 为第 t+1 期的预测值；$M_t^{(1)}$ 为第 t 期的一次移动平均值；Y_t 为第 t 期的观察值；n 为跨越期数。

假如某酒店有 300 间客房，表 2-12 所示是前 15 周每个星期三的客房销售量，请用移动平均法预测第 16 周星期三（2021 年 7 月 21 日）的客房销量是多少？

表 2-12　某酒店前 15 周每个星期一客房销售量

序号	日期（星期三）	客房销售量（间）
1	2021 年 4 月 7 日	273
2	2021 年 4 月 14 日	286
3	2021 年 4 月 21 日	281
4	2021 年 4 月 28 日	275
5	2021 年 5 月 5 日	284
6	2021 年 5 月 12 日	269
7	2021 年 5 月 19 日	272
8	2021 年 5 月 26 日	276
9	2021 年 6 月 2 日	273
10	2021 年 6 月 9 日	282
11	2021 年 6 月 16 日	271
12	2021 年 6 月 23 日	281
13	2021 年 6 月 30 日	275
14	2021 年 7 月 7 日	284
15	2021 年 7 月 14 日	271

从表 2-12 可以看出，该酒店 15 周中每个星期三的客房销售量存在着因随机性因素而导致的不规则波动，但没有明显的趋势性态势。我们用一次移动平均法来进行预测，能够较好地修复因为随机性因素产生的波动。

首先，我们把表中每个星期三的客房销售量作为此次预测的 15 个观察值，下面的关键是如何来确定跨越期 n 的数量。在跨越期 n 的取值中，尚无科学的方法，需要根据实践经验选择两个或更多的跨越期来进行计算比较，最终选取误差较小的跨越期作为预测的计算依据。通常取 2 到 3 个跨越期数就可以满足预测的需求。如果设定的跨越期太多，不仅需要的观察值数量多，而且花费时间长；再者，距预测期较远的数据因对预测结果影响很小，忽略后不会对预测结果产生影响。因此，一般选取 3 到 15 个观察值，2 到 3 个跨越期便能够满足预测的需求。此处分别选择跨越期 $n=3$ 和 $n=5$ 来进行预测，以便通过计算误差的大小来进行取舍。

首先，计算一次移动平均值

当 n=3 时，

$$Z_4 = M_3^{(1)} = \frac{Y_3 + Y_2 + Y_1}{n} = \frac{281 + 286 + 273}{3} = 283\text{（间）}$$

$$Z_5 = M_4^{(1)} = \frac{Y_4 + Y_3 + Y_2}{n} = \frac{275 + 281 + 286}{3} = 281\text{（间）}$$

……

$$Z_{15} = M_{14}^{(1)} = \frac{Y_{14} + Y_{13} + Y_{12}}{n} = \frac{284 + 275 + 281}{3} = 280\text{（间）}$$

当 $n = 5$ 时，

$$Z_6 = M_{14}^{(1)} = \frac{Y_5 + Y_4 + Y_3 + Y_2 + Y_1}{n} = \frac{284 + 275 + 281 + 286 + 273}{5} = 280\text{（间）}$$

$$Z_7 = M_6^{(1)} = \frac{Y_6 + Y_5 + Y_4 + Y_3 + Y_2}{n} = \frac{269 + 284 + 275 + 281 + 286}{5} = 279\text{（间）}$$

……

$$Z_{15} = M_{14}^{(1)} = \frac{Y_{14} + Y_{13} + Y_{12} + Y_{11} + Y_{10}}{n} = \frac{284 + 275 + 281 + 271 + 282}{5} = 279\text{（间）}$$

通过一次移动平均计算所获得的每期移动平均值见表 2-13 所示。

表 2-13　某酒店一次移动平均法预测值列表

观察期（t）	观察值（Y_t）	n=3		n=5	
		$M_t^{(1)}$	$\lvert e_t\rvert$	$M_t^{(1)}$	$\lvert e_t\rvert$
1	273	–	–	–	–
2	286	–	–	–	–
3	281	–	–	–	–
4	275	280	5	–	–
5	284	281	3	–	–
6	269	280	11	280	11
7	272	276	4	279	7
8	276	275	1	276	0
9	273	272	1	275	2
10	282	274	8	275	7

续表

观察期（t）	观察值（Y_t）	n=3		n=5	
		$M_t^{(1)}$	$\|e_t\|$	$M_t^{(1)}$	$\|e_t\|$
11	271	277	6	274	3
12	281	275	6	275	6
13	275	278	3	277	2
14	284	276	8	276	8
15	271	280	9	279	8
平均绝对误差（MAE）	–	–	5.42	–	5.40

其次，计算每期移动平均值与每期实际观察值之间的平均绝对误差，见表 2-13。在预测中，通常用 MAE 来表示平均绝对误差，则：

当 n=3 时的平均绝对误差为：

$$\text{MAE}=\frac{\sum|e_t|}{m}=\frac{65}{12}=5.42\text{（间）}$$

当 n=5 时的平均绝对误差为：

$$\text{MAE}=\frac{\sum|e_t|}{m}=\frac{54}{10}=5.4\text{（间）}$$

显然，n=3 时所产生的平均绝对误差大于 n=5 时的误差。因此，舍去 n=3，取跨越期数 n=5 来预测第 16 周星期三的客房销售量。

最后，代入公式，第 16 周星期三（2021 年 7 月 21 日）客房销售量的预测值为：

$$Z_{16}=M_{15}{}^{(1)}=\frac{Y_{15}+Y_{14}+Y_{13}+Y_{12}+Y_{11}}{5}=\frac{271+284+275+281+271}{5}=276\text{（间）}$$

通过应用一次移动平均法预测，得到该酒店第 16 周星期一的客房销售量为 276 间，一次移动平均法较好地消除或减少了随机因素对客房需求的影响，具有快速反映需求变化的能力，使预测结果能及时跟上实际需求的变化。

一次移动平均法的优点在于弥补了简易平均法的缺陷，可以消除由随机性因素导致的不规则变动和波动，使预测结果更加准确可行。缺点是预测值滞后于实际观察值，并以事物变化没有明显趋势性为前提，而且每次只能预测一期的目标。对于有明显趋势变化的时间序列，则需要进行二次移动平均。

移动平均预测法作为常用的预测方法之一，适合酒店收益管理部门通过人工预测分析使用，该方法除可以对酒店的某些市场目标值进行预测外，还可以用来进行趋势分析，以确定某些市场目标值的发展趋向。尤其是二次移动平均预测法，更适合于既有随机性波动、又有上升趋势的数据序列。

当然，除了这两种方法之外，还有指数平滑法等方法，如果仅仅是使用 Excel 表或者手工进行预测，工作量较大而且容易出现误差，最好借助 Ideas 或 EasyRM 系统进行预测分析工作。同时，工具的使用要结合管理者的经验做出综合的判断以帮助酒店获取最大化的收入。

思考与练习

一、简答题

1. 请简述市场预测的步骤。
2. 作为酒店收益管理经理，有哪些渠道可以收集到用于市场预测的数据?
3. 作为酒店收益管理经理，在选用市场预测方法时需要考虑哪些因素?
4. 请列举收益管理的定性和定量预测方法。
5. 请简述移动平均法在收益管理预测中的特点。

二、案例分析题

某拥有 200 间客房的酒店的收益管理经理，每天跟踪酒店的出租率和平均房价。他将连续 7 周每周四的数据整理如下表：

表 2-14　某酒店周四的出租率与平均房价

	第一周	第二周	第三周	第四周	第五周	第六周	第七周
出租率（%）	69.5	73.5	66.5	72.0	72.5	69.0	77.0
平均房价	151	145	161	178	179	129	159

请你根据上述数据，帮助该酒店收益管理经理计算以下数据并回答问题。

（1）第一周至第四周的出租率，平均出租率和 RevPAR;

（2）第二周至第五周的出租率，平均出租率和 RevPAR;

（3）第三周至第六周的出租率，平均出租率和 RevPAR;

（4）第四周至第七周的出租率，平均出租率和 RevPAR;

（5）上述计算所得数据中，哪一个更适合用来作为下周四的 RevPAR 预测数据？为什么?

3 第三章 酒店客房动态定价

本章导读

价格是影响消费者决策的重要因素，是酒店的产品和服务能够销售出去，收回成本，并实现收入和利润目标的关键。然而单一和固定的客房价格不仅无法满足酒店收益最大化的需求，还会给酒店带来潜在收入和利润的流失，解决这一问题的有效方法是实行动态定价。受市场供需关系的变化和市场竞争的影响，良好的价格体系应该是变动的价格体系，是能够准确反映供需变化和市场竞争的价格体系。本章在系统梳理酒店客房动态定价实施背景的基础上，重点对酒店客房价格体系以及动态定价的实施方法进行了详细论述，同时对如何运用收益管理软件调整客房价格进行了阐述。

学习目标

1. 了解酒店客房动态定价的发展进程；
2. 能够为酒店建立客房价格体系；
3. 掌握酒店动态定价的方法；
4. 了解酒店动态定价的影响因素。

思维导图

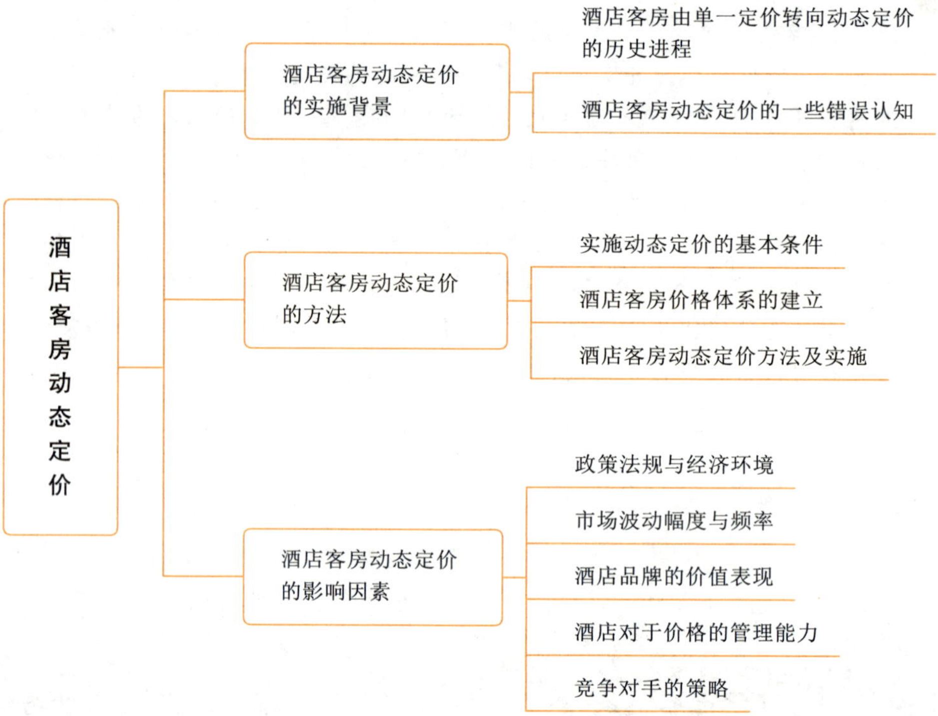

第一节　酒店客房动态定价的实施背景

学习前，我们先来看一则案例。

案例 3-1

破解宇儿理发店的经营“瓶颈”

宇儿在家乡县城的步行街附近经营着自己的理发店，凭借她精湛的手艺和做生意的天赋，理发店很受当地人的欢迎。理发店由宇儿自己打理，没有聘请其他的理发师。生意一直很好，尤其是周六、周日来理发的人比较多，经常要排队一两个小时才能理发。所以，宇儿涨价了。但是，宇儿郁闷地发现：涨价后理发店的收入并没有提高，反而下降了；每星期二来理发的人一直很少，现在雪上加霜；原本生意好的周末也变差了。时间久了，很多人就不再愿意来这里理发，客源也开始流失，这让宇儿很着急。宇儿很纠结：是不是因为涨价了，让客人不满意了？是不是应该恢复原来的价格，并且再请一个理发师？如果请理发师，其主要作用只是在周末，周内理发的顾客宇儿一个人就可以应付。这样一来，似乎又没有必要增加一个人的费用成本。究竟该怎么办？

我们先来梳理一下事态的发展过程：最初，宇儿认为周末生意很好，人很多，具备涨价的条件。涨价后，开始陆续出现以下问题：

（1）涨价后，客人开始流失；

（2）周末的客人变少了；

（3）周二的客人更少了；

（4）收入没有增加，反而在减少。

就在宇儿不知道该怎么办的时候，一位男士的出现，让她找到了解决的办法。那是个星期二，店里没有其他客人。这位男士理完发，似乎没有着急走的样子，而是坐下来和人通电话，但是神情似乎有些憔悴。宇儿见状，递杯茶给他，示意他放松下来。男士有些惊讶，向宇儿报以感激的微笑。男士通完电话后并没有喝茶，而是急匆匆地走了。

但是，宇儿记住了他通电话中的几句话：“生意不好，肯定是价格有问题；价格有问题，不一定只能降价。不同的人有不同的购买能力，低价可以刺激更多的人购买，而高价可以更好地提高利润。”顺着这条思路往下思考，宇儿有了惊喜的发现：

（1）周末来理发的客人多，人也比较杂，有老人，也有学生，有职场白领，也有个体小老板。

（2）涨价后，没有减少的客人是个体小老板，说明他们对这个价格并不敏感，时间方面也没什么规律，工作日、周末都可能来。

（3）涨价后，明显减少的是老人、学生、小孩，说明他们对新价格不太能接受。

（4）有两类客人比较奇怪，他们大多是周末来。一类是职场白领，一类是家庭妇女。他们的特点是：职场白领不喜欢排队，见客人多就不愿意等；家庭妇女不排斥排队，她们喜欢扎堆儿聊天，而且理发过程一般都很长。

通过这样的梳理，两个关键的经营策略“调整点”出现了，那就是“时间”和“价格”。于是，宇儿进行了大胆的尝试：

（1）周末涨价：分别是周六在现在价格的基础上涨价10%，周日在现价的基础上涨价20%。

（2）周二半价：周二客人很少，对周二的销售进行半价促销，期待吸引更多的人来理发。

（3）周三：女性8折优惠。

（4）其他时间段价格暂时不变。

价格调整之后，理发店的生意发生了很大的变化：

（1）老人、学生、小孩基本都在周二理发，周末几乎不再来了。

（2）家庭妇女在周末来理发明显减少，开始集中在周二和周三。

（3）周末的客人明显减少，不再出现排队等待的情况，白领、个体老板开始增多。

宇儿欣喜地发现，收入明显增加了，而且在周末也没有以前辛苦了，再聘请一个人的必要性不是很大了。

破解了这样一个经营瓶颈，让宇儿脑洞大开，她似乎找到了经营制胜的法宝，尤其是在没有任何追加投入的情况下，很容易地就能化解客户等待的难题，还能有效地提高经营收入。

3个月后，宇儿还是聘请了一名理发师帮忙，因为生意越来越好，每天都有很多客人。她对自己的经营策略做了如下总结：

（1）对客户进行细分：依据客户对价格的敏感程度细分客户。

（2）细分市场价格定位：在客户细分的基础上，对那些“有消费能力但时间紧迫”的白领和个体老板涨价；对那些“时间多，但对价格敏感”

的老人、小孩、学生、家庭妇女进行价格刺激。

（3）市场培育：把在周末消费扎堆、只愿意接受低价、对时间没有要求的客人，通过低价刺激，引流到周二，在提高周二收入的同时，给愿意出高价的优质客人提供更好的理发环境和时间保障，基本完成了低、中、高档客户群的全面覆盖。

（4）服务水平：通过差异定价，宇儿在周末有了更多的精力为优质客人提供优质服务。爱扎堆的家庭妇女有了边理发边聊天的休闲氛围。客户的满意度变得很高，影响力也越来越大。随着理发店的成功经营，宇儿变得更加自信。

（案例来源：魏云豪．收益管理——有效降低空置率，实现收益翻番［M］．人民邮电出版社，2018．根据书中案例改编）

一、酒店客房由单一定价转向动态定价的历史进程

（一）单一定价

在传统酒店客房定价中，往往依据成本和利润为导向来制定价格，这也是酒店最常用和最基本的定价方法，但由此制定的单一固定价格却忽略了市场需求的波动与变化，容易导致定价结果偏差，通常会出现价格偏高或偏低的现象，导致需求与价格背离。然而不同顾客的消费行为和支付能力不同，对客房价格的敏感度和承受能力也不同，价格既是一个杠杆，平衡供求关系，同时也是一道门槛，把部分顾客邀请进来，并把部分顾客拒之门外。因此，单一固定的客房价格不仅容易流失对价格敏感度较高的顾客，造成客房的闲置虚耗、资源浪费；而且容易错失高支付意愿的顾客，造成酒店经营收入的损失。

从图 3-1 可以看出，市场需求处于变动之中，但价格保持不变。市场需求曲线与价格曲线之间的区域，表示两者运动方向不一致造成的机会成本的损失。当市场需求曲线在价格曲线之上时，处于需求旺盛期，客房价格相对偏低，一些可以出高价来购买酒店产品的顾客支付了较低的价格，酒店损失了潜在收入；当价格曲线在市场需求曲线之上时，处于需求衰弱期，客房价格又相对偏高，把部分本可以支付折扣价格入住的顾客拒之在门外，导致客房闲置，同样损失了本来可以通过薄利多销来获得的潜在收入。因此，在需求波动变化的市场中，单一固定的客房价格会使酒店损失潜在收入，无法满足酒店客房效益的提升和收入最大化，故不可取。

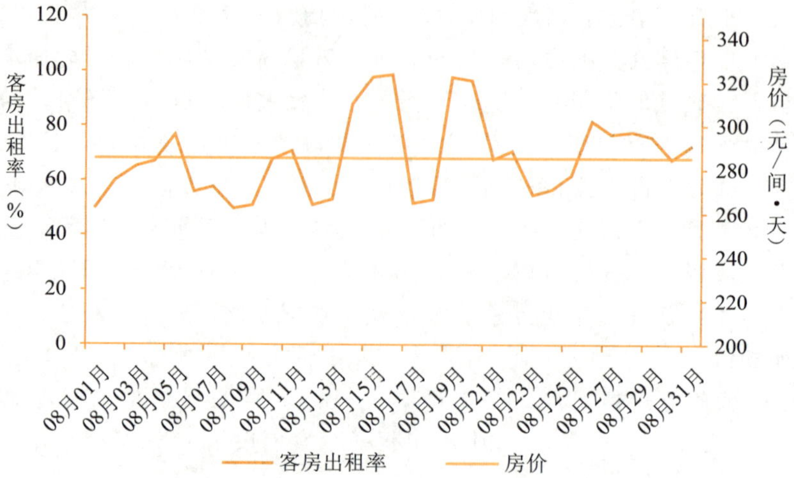

图 3-1　市场需求与单一固定价格的关系

（图片来源：祖长生 . 酒店收益管理［M］. 中国旅游出版社，2021.）

（二）差别定价

随着酒店行业竞争的加剧，单一固定客房价格的弊端日益凸显。在经济学中价格歧视和市场营销学中市场细分等相关理论的基础上，酒店客房逐步开始实施差别定价，即相同的客房产品对不同的顾客或细分市场制定不同价格的行为和方法，从而在满足顾客支付意愿的基础上，最大限度地减少消费者剩余，提高酒店收入。

图 3-2 反映了差别定价下客房收益情况。如左图所示，假如该类型客房只有一种价格 P′，带来的客房销量为 Q′，那么酒店所能获得的总收入为黄色区域部分，而蓝色区域则为消费者剩余。但如果酒店还设置了 P″等多级价格，分别对应有不同支付意愿的顾客群体，那么酒店在原有区域收入的基础上，还能获得更多黄色区域的收入，而蓝色区域消费者剩余部分随着价格等级的增多逐渐减少（如 3-2 右图所示）。因此，寻求不同的细分市场，实行差别定价，可以使得酒店获得更高的收入。

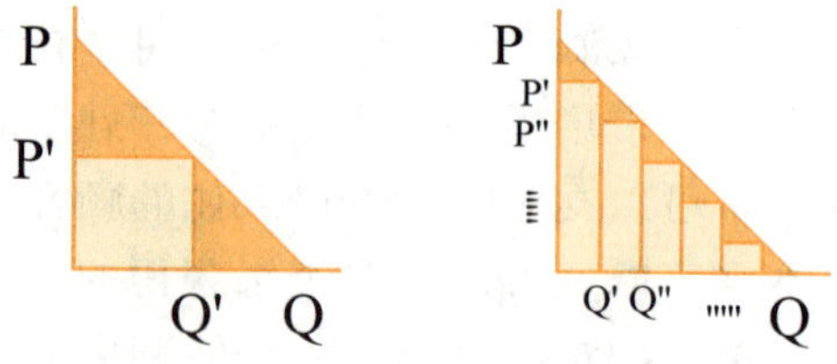

图 3-2　差别定价下的客房收入

酒店客房价格越细分，价格种类越多，越能满足市场的需要，越有利于争取市场份额。但是，在实际工作中，将价格无限制细分是不可能也不必要的，因为价格越多，管理的技术难度和操作难度越大。另外，还必须指出的是，价格与需求的关系远比图 3-2 简化的直线反比关系复杂得多，而且制定价格时还必须考虑成本、利润、竞争、顾客心理、产品生命周期等因素。因此，酒店要因地制宜，要在综合考虑各种因素，在便于提高收益、便于管理和操作的前提下，确定价格细分的程度和价格的种类。

（三）动态定价

动态定价是指企业根据市场需求的变化和自身产品的供应能力，以不同的价格将同一产品适时地销售给不同消费者，以实现收益最大化的策略。在酒店行业中，也就是将相同客房产品在不同的时段以不同的价格出售给同一顾客或细分市场的行为。客房的价格是随着市场需求的变化而变化的，而不是单一、固定不变的，酒店通过价格调节供需平衡来提高客房的收入。

如图 3-3 所示，采用变动价格，价格随市场需求的变动而变动，市场需求曲线与价格曲线运动方向一致，同时起落，两条曲线几乎相互平行重叠。当市场需求旺盛时，顾客的购买力增强，如果此时客房价格随之提高，顾客依然有能力购买，便不会失去应得的收入；而当市场需求衰弱时，酒店推出较低的折扣价格吸引顾客入住，便可通过薄利多销的方式来获得更多的收入。这样，酒店能最大限度地利用每个机会，提高客房总体收益。

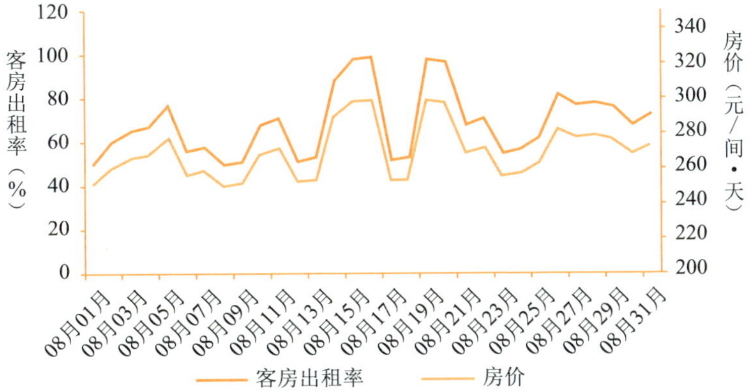

图 3-3　市场需求与动态价格的关系

（图片来源：祖长生．酒店收益管理［M］．中国旅游出版社，2021）

客房价格始终是随着市场需求的变化而动态地变动，酒店通过价格的杠杆调节市场供需关系，客房销售价格和客房出租率可以保持在最佳的平衡状态，从而使每间可用客房收入（RevPAR）获得最大化，酒店客房在每个市场波动时期都获得应得的收入，避免了单一固定价格的缺陷（见图 3-1）。当然，在实际工作中，市场需求曲线与价格曲线做到百分之百吻合是不可能的，因为影响市场变动的因素太多，难以全面准确把握。但是，收益管理者能做到的是提高分析预测能力，尽量减少两者之间的偏差。

案例 3-2

高铁标价的定价机制

作为中国新时代的“名片”，高铁近些年在我国呈现了蓬勃发展的势头，目前我们国家的高铁技术在全世界处于领先的位置。截至 2019 年年底，我们国家的高铁运营总里程已经超过 3.5 万公里，位居世界第一。高铁为老百姓出行带来便利、为区域经济发展增添动力，肩负着重要的职责，为国家的发展贡献了非常大的力量。在巨额的运营支出面前，车票收入几乎是入不敷出的。国家铁路集团 2020 年上半年的财报数据显示，2020 年前两个季度，国铁集团分别亏损约 613 亿元和 342 亿元，今年上半年的亏损约为 955 亿元，收入比去年同期下降了约 1242 亿元。

自从高铁开始运营之后，票价基本都稳定在一个水平之上，但是目前高铁票价似乎有所“松动”，改用“动态票价”。也就是主要根据客流情况以及高速铁路将区分季节、时段、座位、路段等，并建立灵活的定价机制。这意味着，高铁今后的票价将不是固定的，而是实施灵活折扣、有升有降的市场化浮动票价机制，固定票价已经成为过去。例如，在 12306 网站上查询北京到上海的高铁，同一车次在不同日子的价格是有区别的，2022 年 3 月 31 日 G105 车次的一等座和二等座价格分别是 930 元和 553 元，而 2022 年 4 月 3 日相近时间段的 G103 次的一等座和二等座价格分别是 969 元和 576 元。为什么会这样儿呢？咱们算一下日期就知道了，3 月 31 日是星期四，4 月 3 日是星期日，而且是清明节假期第一天，出行的人多了，这票价当然就涨上去了。

车次	出发站 到达站	出发时间 到达时间	历时	商务座 特等座	一等座	二等座 二等包座
G105 复	始 北京南 终 上海虹桥	**07:17** **13:03**	**05:46** 当日到达	**5**	有	有
				¥1873.0	¥930.0	¥553.0

图 3-4　2022 年 3 月 31 日周四“北京南 - 上海虹桥”G105 车次售票价格

车次	出发站 到达站	出发时间 到达时间	历时	商务座 特等座	一等座	二等座 二等包座
G103 复	始 北京南 终 上海虹桥	06:20 11:58	05:38 当日到达	7	有	有
				¥1873.0	¥969.0	¥576.0

图 3-5 2022 年 4 月 3 日周日“北京南－上海虹桥”G103 车次售票价格

图 3-6 高铁已成为中国新时代的“名片”

二、酒店客房动态定价的一些错误认知

(一)定价时过于强调成本，忽略市场供需变化

酒店客房的特点之一就是生产能力、接待能力相对固定，短期内难以像制造业等其他行业一样，通过延长劳动时间或扩大生产来提高收入，因此，在市场需求旺季，能够提高酒店收入的最有效方法就是对价格的调节，而不是仅仅依赖于控制成本。一般情况下，需求量与需求价格呈反向变动关系，也就是说，当市场价格上升时，需求量将会下降，而当市场价格下降时，需求量则会增加。这一经济学原理为动态定价的实施创造了条件，运用价格杠杆来调节市场供需平衡，从而最大限度地挖掘酒店潜在的客房收入，同时减少因客房闲置而造成的资源浪费，从而实现酒店客房收入的最大化。

另外，酒店客房产品的易逝性、生产和消费同时性等特点，决定了客房动态定价时考虑的是变动成本而不完全是总成本，否则会做出错误的决

策，在有剩余供给的情况下，任何高于变动成本的价格都将增加酒店的营业收入。

（二）定价时忽略时间、渠道、竞争等因素

酒店收益管理工作的主要任务是寻找产品或服务、时间、价格、渠道、顾客等五个要素的最佳组合，从而为酒店带来最大的收益。相同的产品或服务在不同市场环境下有着不同的价值，如果定价时没有把其他因素结合起来考虑，价格过于死板，缺乏灵活性和弹性，便不能更好地反映产品和服务的价值，也不能满足不同细分市场的需求。因此，灵活、弹性的市场定价应将价格与其他因素综合起来考虑，包括产品特色与增值服务、市场细分、顾客购买行为、市场供需状况、竞争态势，等等。此外，如果市场需求预测出现偏差或价格决策判断失误，都有可能因定价不够精准而造成客房收入下降。

（三）盲目动态定价，忽略不良调价的消极影响

动态定价的关键在于寻求不同市场环境下的供需平衡点，合理地制定或更新价格，从而提高酒店收入。合理的动态定价固然能够有效地帮助酒店提高客房收入，但盲目的动态定价也会给酒店带来一些问题。实施动态定价时，极可能引起酒店竞争者之间的价格博弈，从而产生错误的价格战；同时，不良的动态调价，容易引起顾客的不公平感，从而造成顾客对酒店的不信任和投诉，影响顾客对酒店的满意度和品牌忠诚度。因此，在动态定价过程中，要关注对以下几点的把握：

1. 价格的可变性

航空公司的变动价格制度受到大部分顾客的认可，利用同样的原理，酒店行业也使用相应的动态定价。按照酒店行业的惯例，顾客喜欢价格折扣、产品升级、酒店赠送的礼品等，但酒店无法完全满足顾客的期望。因此，酒店需要从顾客的角度进行动态定价，使顾客感到物有所值，目的是保证收益的最大化。

2. 价格的公正性和可接受性

酒店作为服务行业，由于生产和消费的同时性，顾客对于价格的合理性，只能根据对价格和服务的期望来参考判断，公正就显得更为重要。只有让顾客感受到公正性，顾客才会接受酒店的定价，从而实现收益最大化。顾客的接受性反映在满意度上，如果酒店的利润增加导致顾客的满意指数下降，就说明顾客认为酒店的价格并非公正。

3. 价格的合理性

酒店客房价格的合理性取决于酒店的品牌、规模、产品、服务质量以及

竞争酒店价格等诸多因素。顾客对于价格合理性的判断依赖于其对酒店的整体认知，不同顾客对于同一酒店客房价格合理性的接受程度不同，但合理性的价格能够提高酒店的美誉度。

4. 定价的诚实性

诚信是企业在社会生存和发展的基础，因此酒店执行动态定价时，不得为了“动态”而调价，应严格遵循市场公平交易的原则，从顾客接受的角度出发，以免让顾客感觉受到了不公平的对待，进而影响顾客满意度及忠诚度。

案例 3-3

某市遭遇罕见的特大暴雨灾害，不少人因此“有家不能回”。为了帮助他们，该市大部分酒店都未涨价，部分酒店甚至“暖心”地降价帮助受灾群众度过困难。但某酒店却趁机抬价至一间房 2888 元一晚。而记者查询发现，该酒店平日价格在 300 元左右，这显然是坐地起价。涉事酒店涨价的行为被网友爆出后，引起舆论谴责，有网友斥责该酒店坐地起价，如此利用灾难牟利，毫无道德可言。

随后，该酒店主动道歉，并联系相关客人全部退回所获收入。而按照《中华人民共和国价格法》有关规定，当地市场监管局及时开展了服务收费专项检查，认定其涉嫌利用其他手段，推动价格过快、过高上涨，给予 50 万元的处罚。

酒店的价格会随市场的需求而变动，需求量较大时，酒店对客房价格进行上调无可厚非。但并非所有场景都适合动态定价，调价时必须关注价格的公正性、可接受性、合理性和诚实性。频繁变动的价格会削弱一部分客户的消费体验，尤其是在此共克时艰之际，更需要的是守望相助、共渡难关。灾难是对所有人的一次考验，也是对商家道德、经营、公关意识的一道考题，即便商家有自己的盈利考量，但像该酒店这样恶意哄抬价格，短期内也许能获得一些收入，但从长远看对酒店形象乃至整个品牌声誉都是巨大的负面影响，弊远大于利。

因此，企业在顾及“显性收益”的同时，也不能忽略“隐性收益”的影响。关键时刻要承担社会责任，做到严格自律、依法经营，明码标价、规范经营，履行承诺、诚信经营。

第二节 酒店客房动态定价的方法

一、实施动态定价的基本条件

（一）市场需求随着时间的变化而变化或波动

时间概念既包括季节性，也包括每一天或不同的时段。一般来讲，酒店的市场需求都会因为季节的不同而呈现周期性变化，或在每一天不同的时段呈现波动性。例如，地处市中心的商务或会议型酒店，其季节性是由自然、经济以及商务等环境因素决定的。环境不同，市场需求也会不同，便呈现出淡旺季。如果某城市商务活动频繁，在每年不同的季节都会有一定数量的展会或体育赛事举办，那么，在这些季节，这个城市酒店的市场需求量就会增加，市场需求呈现出周期性变化。再如，位于旅游城市的度假型酒店，每年也会因为季节的不同和各类假期的存在而呈现出市场的淡旺季。因此，绝大多数酒店的市场需求都存在着周期性的变化，恒定不变的酒店市场需求几乎是不存在的，除非是完全用于内部接待，而不对大众市场开放的酒店，而这类酒店只能说是特例。不难理解，酒店只有在市场需求有变化或波动的情况下，提高或降低价格才能被市场所接受。如果市场需求是恒定不变的，提高或降低价格只会给酒店带来不必要的损失。

（二）市场可以细分

不同的细分市场，客源类型不同，其消费方式和需求模式也不尽相同。对不同的细分市场，实施动态定价需要区别对待。不同类型的客源由于需求变化或支付方式的不同，价格变化的频率和幅度都不尽相同，有的客源类型甚至不适宜采用动态定价。例如，酒店在官网或第三方分销渠道（OTA）上对散客细分市场销售客房产品时，可随时根据市场需求变化对价格进行调整，甚至每一天的不同时段价格都可以不同。但酒店在与旅行社或公司签订协议时，旅行社或公司往往都会要求与酒店一次确定好全年各个季节的价格，在协议的有效期内，无论市场需求如何变化，价格都不会再发生变化。这就要求酒店在协议签订前对未来的市场需求情况有一个准确的预测和正确的判断，以免因价格制定得过高或过低而给酒店带来不必要的损失。如果酒店在协议中体现出了不同季节的价格，可以说该酒店对旅行社或公司实行了动态定价。而有些政府接待的客人因为严格的消费标准限制则希望酒店能在一年中或更长时间内保持不变的价格，如果酒店希望接待这些客人，则不适宜实行动态定价。因此，在实施动态定价时，首先要对酒店的客源市场进行细分，针对不同的细分市场采取不同的动态定价策略，才能为酒店获得更高的收益。否则，就可能给酒店带来不必要的损失。

（三）需要进行市场预测

在市场动态定价的过程中，主要面对的是未来的市场，也就是说，制定出来的价格是未来市场中销售产品使用的。因此，要实行动态定价，首先要了解未来市场的需求情况，依据市场需求的变化来制定不同的价格，而要提前知晓未来市场的需求情况，就必须进行市场需求预测，而市场需求预测结果的精准度，又决定着价格制定的准确程度。因此，实施动态定价策略，市场预测是前提和保障。

二、酒店客房价格体系的建立

酒店客房价格体系是指酒店不同类型的客房产品或同一类型的客房产品之间价格相互关系的有机整体，这些价格既有差别，又相互关联，体现着不同价格之间的联系和相互制约的内在关系。对顾客而言，如果认为酒店的价格体系存在着不合理性，就会失去公平感，从而产生放弃购买酒店产品的念头。因此，酒店客房价格体系构建的合理与否，对于实施动态定价至关重要。

（一）基于细分市场的基础价格体系

酒店价格体系的建立通常与细分市场密切相关，每个细分市场都对应着相应的价格类型。按照购买方式的差异，一般可分为散客、团队和其他三大类细分市场和若干个细分子市场，如表 3-1 所示。

表 3-1　酒店常见细分市场

一级划分	二级划分	细分市场名称	细分市场代码
散客	非协议价散客	最佳可用房价	BAR
		折扣促销	DIS
		套餐包价	PKG
	商务协议散客	政府协议散客	GOV
		公司协议散客	COR
		长住客户	LSG
	代理商 / 批发商	旅行社散客	WSL

续表

一级划分	二级划分	细分市场名称	细分市场代码
团队	商务团	公司团	MTG
		政府团	GOG
	旅行团	零星旅游团	ADH
		系列旅游团	SER
	机组	航空机组	CRE
其他	积分兑换	会员积分兑换房晚	MEM
	免费房	免费房	COM
	自用房	自用房	HSE

1. 散客市场

按照有无合同、执行动态或固定价格的方法，将散客市场分为非协议散客、商务协议散客以及旅行社协议散客 3 个二级市场。

（1）非协议散客市场

在非协议散客市场中，有最佳可用房价、折扣促销、套餐包价等细分市场。这些细分市场的价格在性质上是一致的，我们把它们统称为公开市场价格。另外，在非协议散客市场中间还有一类，我们把它称为非公开市场价格，此类价格是指不能在公开市场上轻易获得、有一定限制条件的价格，这些限制条件往往与酒店内部的管理和运营相关，常见的非公开市场价格有员工价、同行价、会员价、管理层特价等。

（2）商务协议散客市场

商务协议散客市场主要有政府和协议公司两个细分市场，因此，在制定价格时也会有相对应的政府协议散客价与商务协议散客价。协议散客市场的价格往往通过合同进行约定，有固定价格和动态价格两种形式。其中，动态价格是指签订一个与最佳可用房价（下一节内容讲述）联动的协议价，例如我们将协议价定为最佳可用房价的八折，那么协议价将会跟随着最佳可用房价波动；固定价格就是在合同中约定一个具体的价格，作为合同期内的执行价格。

（3）代理商 / 批发商散客市场

对于代理商 / 批发商散客市场，酒店常见的合作对象主要就是旅行社与批发商两种类型，根据合作对象的不同，也会分别制定旅行社散客价与批发商价。除此以外，还有一类长住客人，这类客人往往是以自然人的方式与酒店签订客房价格合同。一般来讲，“长住”是以入住的时长为标准的。行业中间一般认为连续入住大于等于 15 天，就可以考虑与这位客人签订长住价格。

2. 团队市场

在团队市场中，我们将其主要分成了商务团、旅游团和机组 3 个二级市场。

（1）商务团市场

在商务团中，按照有无会议的细分市场划分原则，酒店行业往往将公司会议、奖励旅游、协议会议、展览会议 / 交易会等类型的客户统称为 MICE 市场。这类市场通常是指在酒店有会、有房、有餐的商务团队，因此，MICE 市场的规模及其所带来收入的大小，往往成为酒店商务业务能力的一个重要标志。一般情况下，对于定位为高端商务型的酒店而言，MICE 市场在酒店整体收入中的贡献占比是较大的，否则就可能表明这家酒店的实际运营情况与他们的市场商务型的市场定位不太相符。当然，商务团市场中间除了 MICE 市场外，酒店还可能会有只需要客房的纯房团以及政府团等市场，面对这些市场，酒店往往也会针对性地制定相应的客房价格。

图 3-7　商务团办理入住

（2）旅游团市场

对于旅游团市场，并非所有旅行团的客房价格都是一致的。酒店往往会以是否能为酒店持续提供稳定的收益为标准，将旅行团队划分成为系列旅游团和非系列旅游团。通常需要根据团队的性质，以“单团单议价”的准则制定价格，例如客房的数量、入住时间的长短、综合能力的高与低、与酒店之间的合作关系是否稳固等因素，因此没有固定的价格种类。一般来讲，非系列旅游团的客房价格要高于系列旅游团的客房价格。

（3）机组

航空公司市场也是酒店经营中经常会遇到的。误机团指的是因受航班延误影响，由航空公司统一安排乘客入住到酒店的情况，这类团队往往是临时性的安排，而且入住的时间很短，房费由航空公司承担，因此价格往往较低。机组团指的是航空公司的空乘工作人员入住酒店的情况，这类团队客房需求量比较稳定可控，入住时间上也很有规律，因此客房的价格也较低。

各细分市场相应的价格共同组成了酒店客房的基础价格体系，如表 3-2 所示。其中，散客市场中包含了公开渠道下的套餐报价、折扣价和最佳可用房价（将在本书下一节介绍），非公开渠道下的会员价、同行价、常住价以及各类协议价和旅行社散客价等。团队市场中包括政府、公司、旅行社、航空公司等具有一定规模消费而享有的团队折扣价，通常需要根据团队的性质，以“单团单议价”的准则制定价格，例如系列团还是非系列团、客房的数量、入住时间的长短、综合能力的高与低、与酒店之间的合作关系是否稳固等因素，因此团队价格没有固定的价格种类。最后，其他市场包括了酒店自用房、免费房，等等。

表 3-2　酒店客房基础价格体系

市场大类	价格大类（英文）	价格名称（英文）	价格名称（中文）
FIT 散客	Open market 公开市场	Best Available Rate	最佳可用房价
		Package mate	套餐包价
		Discount Rate	折扣价
	Corperate 商务公司	Corperate	公司协议价
		Government	政府协议价
	Non-open market 非公开市场	Loyalty Program Redemption Industry	会员价
		Industry	同行价
		Long stay	长住价
	Wholesale 批发商 / 代理商	Travel Agent	旅行社散客价
		Wholesale	批发高价

续表

市场大类	价格大类（英文）		价格名称（英文）	价格名称（中文）
Group 团队	Business 商务团	MICE 会议会展	Meeting Corporate	公司会议价
			Meeting Incentive	奖励会议价
			Conference & Association	协议会议价
			Exhibition/Trade Fair	交易会、展览会会议价
		Room Only 纯房团	Room Only Group	纯房团价
		Government 政府团	Government Meeting	政府会议价
	Tour 旅行团		Tour Series	系列团价
			AD HOC	非系列团价
	Air 航空公司		Airline Over	误机团价
			Airline Crew	机组价
Other 其他	Other 其他		House Use	自用房
			Complimentary	免费房

（二）基于最佳可用房价的客房价格体系

1. 最佳可用房价

最佳可用房价（Best Available Rate，BAR）是指在某个时间段内能够使客房收入最大化的客房价格。例如，假设某酒店有 100 间同类型客房，当销售价格为 600 元 / 间夜时，当天只能卖出 40 间，获得的客房收入为 24000 元；当销售价格为 400 元 / 间夜时，当天能卖出 60 间，获得的客房收入为 24000 元；如果销售价格为 500 元 / 间夜时，当天能卖出 50 间，获得的客房收入为 25000 元，则此时客房收入最大化时的客房价格 500 元 / 间夜就是我们要寻找的最佳可用房价 BAR。换句话说，当 ADR 发生变化时，OCC 也将随之发生改变，当 RevPAR 最大值时的平均房价即为最佳可用房价 BAR。

另外，酒店实践经营中，通常将客人在没有使用任何合同（条件）的情况下，通过任何一个公开渠道购买酒店客房时所获得的价格，称之为最佳可用房价。以 BAR 价格购买客房的客人常常表现为：通过公开渠道预订而且没有合同价的散客，这些客人往往来自非协议散客这个细分市场。

2. 制定最佳可用房价

在酒店收益管理工作实践中，我们需要通过对价格的优化来确定不同时段（或时期）内的最佳可用房价，从而制定客房产品的价格体系。酒店客房的价格优化是一项系统性工作，需要以经济学理论为基础，从需求函数出发，并通过需求的价格弹性分析、历史经营数据、市场需求预测、竞争因素等方面来制定最佳可用房价。

（1）客房产品的需求函数

在经济学中，把需求量与影响需求量的所有因素之间的关系用一种数学公式来表达，这一数学表达式被称为需求函数，可表达为：

$$Q=f（X_1，X_2，X_3，\cdots，X_n） \quad (3-1)$$

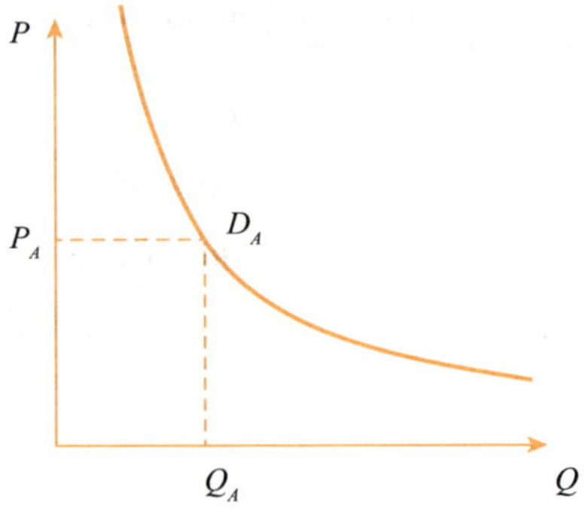

图 3-8 需求曲线

公式中，需求量 Q 是因变量，影响因素 X_i 是自变量。在市场运行中，影响需求量的因素较多，除产品价格以外，诸如消费者的行为、消费者的收入水平、竞争者的产品价格，以及交通、天气等，都对需求量产生着影响。在酒店价格优化时，首先应分析顾客对某一客房产品的需求情况随着该产品价格的变动而发生变化的轨迹，找到两者之间存在的相关性，最终确立需求量与价格之间所形成的需求函数模型。只有确立了客房产品的需求函数模型，才能运用数学法则来确定产生收入最大的价格点即最佳可用房价。

（2）需求的价格弹性

需求的价格弹性通常也称为需求弹性或价格弹性。是用来表示在一定时期内一种商品的需求量的相对变动对于该商品价格的相对变动的反应程度，是需求量变化的百分比除以价格变化的百分比。或者说，价格变动百分之一会使需求量变动百分之几。根据需求定律，所有产品的价格弹性都是负值。而依照习惯，通常用正数来表示价格弹性。其公式表示为：

$$价格弹性系数\ E_p=\frac{需求量变化率}{价格变化率}=\frac{\triangle Q/Q}{\triangle P/P} \tag{3-2}$$

一般来讲，当价格弹性系数 $E_p<1$ 时，需求缺乏弹性，酒店可适当采取提价策略，从而来提高客房的收入；当价格弹性系数 $E_p>1$ 时，需求富有弹性，酒店可适当降低价格，采取薄利多销的策略来提高收入。而在 $E_p=1$ 时，应相对保持价格稳定，并适时关注市场需求的变化，从而依据需求的变化情况进行调整。为进一步理解通过敏感度分析来确定最佳可用房价，可通过案例 3-4 来分析最佳可用房价与客房收入的关系。

案例 3-4

根据需求价格弹性分析最佳可用房价

某酒店共有 500 间客房。由图中看出，当房价为 100 元 / 间夜时，酒店可售出 300 间客房，可获得 30000 元的客房收入；当房价为 300 元 / 间夜时，酒店只能售出 100 间客房，同样获得了 30000 元的客房收入；但如果酒店把房价定为 200 元 / 间夜，则可售出 200 间客房，能获得 40000 元的收入，比定价为 100 元 / 间夜和 300 元 / 间夜时多获得了 10000 元的收入。可以看出，酒店在没有多付出任何增量成本（因产量提高而导致的总成本的变化量，等于生产增量之后的总成本减去生产增量前的总成本）的情况下，实现了酒店收入的提高，而这些收入将多转化为酒店的利润。图中，200 元 / 间夜的弹性价格便是该客房在某时段内的最佳可用房价，即：BAR=200 元 / 间夜。由此可见，根据需求弹性可以测算出最佳可用房价，最佳可用房价对实现客房收入最大化有重要影响。

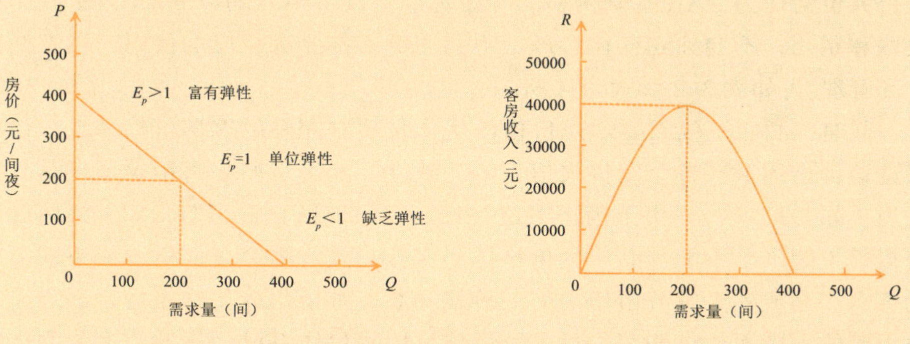

图 3-9　弹性价格与客房收入关系图

（3）历史经营数据、市场需求预测、竞争等其他因素

由于需求函数中价格与需求量两个变量往往是同时变化的，而且会受到除价格以外其他市场因素的影响，最佳可用房价会根据市场需求的波动而波动，因此，酒店平时应注重对历史经营数据的收集和保存，依照历史数据通过对需求弹性的模拟分析，确定出过去某个市场时期的 BAR 价格，并结合市场预测来制定未来某个市场时期的 BAR 价格，如果需求预测出现重大错误，那么依据需求水平制定的最佳可用房价也必定会导致酒店经营的失败。

此外，任何企业都处在竞争环境中，在酒店收益管理的理念中，价格并不仅仅是产品价值的体现，还应该是获取竞争优势的一种工具。在制定最佳可用房价时应该要充分考虑酒店在竞争群中所处的竞争位置以及竞争对手的价格情况，从而对整个竞争群的价格表现进行分析，并且评估自身的竞争位置，以便于更好地制定下一步的定价策略。

除以上几个方面之外，实际的定价过程中还需要考虑产品、消费者行为、宏观经济、政治、环境等方面的因素。总的来讲，酒店最佳可用房价的制定是一项重要而复杂的工作。在酒店的实际运营中，应多方面综合考虑，运用定量与定性等多种分析方法确认最终最佳可用房价。

3. 基于最佳可用房价的客房价格体系

BAR 即最佳可用房价作为优化后的价格，通常表现为制定酒店客房价格体系的标准价格，也是客房价格体系中的基础价格，代表着客房价格水平的高低，对保持价格体系的完整性起着基础保障作用。从理论上讲，无论散客价格还是团队价格，都是在 BAR 的基础上衍生出来的。既体现了价格的动态化，又满足了市场需求的变化，加上同一类型客房产品之间价格存在的相关性，体现出价格体系的完整性和适用性，便于被顾客所认同。通常，酒店会将公共价格作为 BAR 基础价格的衡量标准，其价格之间以 BAR 为基础相互关联和制约，不会独立存在，每一不同的价格都会有相应的代码，以方便区分和管理。（如表 3-3 和表 3-4 所示）

同时，酒店不仅需要通过价格的优化来建立完整的客房价格体系，还应保证该价格体系在各个销售渠道上的一致性。无论是酒店直销渠道还是分销渠道（如 OTA 等），由于销售渠道是直接面向市场和顾客的，如果酒店在销售渠道上的价格不能与酒店的价格体系保持一致，将会有损于酒店不同类型的客房产品或各个细分市场之间的价格关系，甚至出现价格矛盾，最终会导致顾客的不满而放弃购买。目前，最佳可用房价体系已经逐渐被多数酒店所采用，成为酒店实施收益管理策略的基础保障。

表 3-3 酒店 BAR 价格体系总表

客房类型	细分市场			价格代码	BAR	执行时间（天）	价格说明
单人房	门市价格 ¥588			RRS		5 月	不可变化
	散客	酒店会员	金卡会员	VS1	¥388	第一周	可随 W1 变化而变化
			银卡会员	VS2	¥408	第一周	可随 W1 变化而变化
			普通会员	VS3	¥419	第一周	可随 W1 变化而变化
		官网 /OTA 商旅散客		ET1	¥429	第一周	可随 W1 变化而变化
		公司协议散客		CT1	¥403	第一周	可随 W1 变化而变化
		Walk In 客人		W1	¥531	第一周	可随 W1 变化而变化
标准大床房	门市价格 ¥1018			RRD		5 月	不可变化
	散客	酒店会员	金卡会员	VD1	¥667	第一周	可随 W2 变化而变化
			银卡会员	VD2	¥703	第一周	可随 W2 变化而变化
			普通会员	VD3	¥721	第一周	可随 W2 变化而变化
		官网 /OTA 商旅散客		ET2	¥738	第一周	可随 W2 变化而变化
		公司协议散客		CT2	¥694	第一周	可随 W2 变化而变化
		Walk In 客人		W2	¥919	第一周	可随 W2 变化而变化
	团队	公司会议团队		CG1	¥604	第一周	不可变化
		旅行社团队		TG1	¥514	第一周	不可变化
标准双床房	门市价格 ¥1028			RRT		5 月	不可变化
	散客	酒店会员	金卡会员	VT1	¥674	第一周	可随 W3 变化而变化
			银卡会员	VT2	¥710	第一周	可随 W3 变化而变化
			普通会员	VT3	¥728	第一周	可随 W3 变化而变化
		官网 /OTA 商旅散客		ET3	¥746	第一周	可随 W3 变化而变化
		公司协议散客		CT3	¥701	第一周	可随 W3 变化而变化
		Walk In 客人		W3	¥928	第一周	可随 W3 变化而变化
	团队	公司会议团队		CG2	¥610	第一周	不可变化
		旅行社团队		TG2	¥519	第一周	不可变化

续表

客房类型	细分市场			价格代码	BAR	执行时间（天）	价格说明
豪华行政房	门市价格 ¥1698			RRE1		5 月	不可变化
	散客	酒店会员	金卡会员	VE1	¥1107	第一周	可随 W4 变化而变化
			银卡会员	VE2	¥1168	第一周	可随 W4 变化而变化
			普通会员	VE3	¥1198	第一周	可随 W4 变化而变化
		官网 /OTA 商旅散客		ET4	¥1228	第一周	可随 W4 变化而变化
		公司协议散客		CT4	¥1153	第一周	可随 W4 变化而变化
		Walk In 客人		W4	¥1530	第一周	可随 W4 变化而变化
	团队	公司会议团队		CG3	¥1002	第一周	不可变化
		旅行社团队		TG3	¥851	第一周	不可变化
豪华行政套房	门市价格 ¥2788			RRE1		5 月	不可变化
	散客	酒店会员	金卡会员	VR1	¥1814	第一周	可随 W5 变化而变化
			银卡会员	VR2	¥1913	第一周	可随 W5 变化而变化
			普通会员	VR3	¥1953	第一周	可随 W5 变化而变化
		官网 /OTA 商旅散客		ET5	¥2013	第一周	可随 W5 变化而变化
		公司协议散客		CT5	¥1888	第一周	可随 W5 变化而变化
		Walk In 客人		W5	¥2511	第一周	可随 W5 变化而变化
	团队	公司会议团队		CG4	¥1639	第一周	不可变化

注：表中仅列举了部分常用客房类型和细分市场。

（来源：祖长生 . 酒店收益管理［M］. 中国旅游出版社，2021）

表 3–4 酒店客房价格体系实例

价格大类	价格类别	价格代码	价格说明	使用规则	房型 A 价格	房型 B 价格
散客	门市价	B1	公开售价 BAR	出租率大于 85%		
		B2		出租率 61%~85%		
		B3		出租率 41%~60%		

续表

价格大类	价格类别	价格代码	价格说明	使用规则	房型 A 价格	房型 B 价格
散客	门市价	B4	公开售价 BAR	出租率小于 40%		
		Bi		（可根据酒店情况制定 BAR 和出租率规则）		
	会员价	M1B1	普卡，门市价 9 折	储值 / 累计消费大于 1000 元		
		M2B1	金卡，门市价 8.5 折	储值 / 累计消费大于 3000 元		
		M3B1	白金卡，门市价 8 折	储值 / 累计消费大于 6000 元		
		M4B1	钻石卡，门市价 7.5 折	储值 / 累计消费大于 10000 元		
	协议价	CO1	公司协议价，等于普卡	年产量 50 间夜以上		
		CO2	公司协议价，等于金卡	年产量 100 间夜以上		
		CO3	公司协议价，等于白金卡	年产量 300 间夜以上		
		CO4	公司协议价，等于钻石卡	年产量 500 间夜以上		
		RFP1	等于钻石卡	三类公司		
		RFP2	等于钻石卡减 30 元	二类公司		
		RFP3	等于钻石卡减 50 元	一类公司		
	OTA	OTA1	等于门市价 B1	出租率大于 85%		
		OTA2	等于门市价 B2	出租率 61%~85%		
		OTA3	等于门市价 B3	出租率 41%~60%		
		OTA4	等于门市价 B4	出租率小于 40%		
		OTA5	促销价，等于门市价 7.5 折	出租率低于 20%，限量 5 间		
	官网	WEB1	门市价 B1 的 9.5 折	出租率大于 85%		
		WEB2	门市价 B2 的 9.5 折	出租率 61%~85%		
		WEB3	门市价 B3 的 9.5 折	出租率 41%~60%		
		WEB4	门市价 B4 的 9.5 折	出租率小于 40%		
	长住客	LSG1	等于白金卡	7~14 间夜		
		LSG2	等于钻石卡	15~30 间夜		
		LSG3	等于钻石卡减 30 元	30 间夜以上		
		LSG4	等于钻石卡减 50 元	60 间夜以上		

续表

价格大类	价格类别	价格代码	价格说明	使用规则	房型 A 价格	房型 B 价格
散客	政府协议价	GOV	等于白金卡	5 间夜及以上可以成团，参考政府团		
	旅行社散客	WHL1	等于金卡	年产量 10~50 间		
		WHL2	等于白金卡	年产量 50~300 间		
		WHL3	等于钻石卡	年产量 300 间以上		
	包价	PAC1	（根据套餐成本等情况制定）	（根据实际情况设置套餐、如含门票、SPA 等）		
		PAC2	（根据套餐成本等情况制定）	（根据实际情况设置套餐、如含门票、SPA 等）		
		PAC3	（根据套餐成本等情况制定）	（根据实际情况设置套餐、如含门票、SPA 等）		
团队	旅行团	TR1	等于白金卡	10~20 间		
		TR2	等于钻石卡	20~40 间		
		TR3	等于钻石卡减 30 元	40 间以上		
	会议团	CMG1	等于钻石卡	10~50 间		
		CMG2	等于钻石卡减 30 元	50~100 间		
		CMG3	等于钻石卡减 50 元	100 间以上		
	政府团	GPG1	等于钻石卡	5~20 间		
		GPG2	等于钻石卡减 30 元	20~40 间		
		GPG3	等于钻石卡减 50 元	40 间以上		
其他	免费房	COMP	零房价	计入开房率统计		
	自用房	HSE	零房价	自用，不计入开房率统计		

备注：
1. 以上价格包含 ××% 的税以及 ××% 的服务费；
2. 以上价格不含早餐。如有早餐，额外收取 ×× 元 / 份；
3. 加床另外收费 ×× 元，不含早餐，如需早餐，额外收取 ×× 元 / 份；
4. 免费房需要总经理签字同意。

三、酒店客房动态定价方法及实施

（一）客房常用的定价方法

酒店客房定价中常用的有成本导向定价法、需求导向定价法和竞争导向定价法三种基本方法。然而，由于客房价格随市场供需情况波动而变化，因此，首先需要对客房价格设定其动态变化区间。如图 3-10 所示，客房产品的价值决定了基本价格，故以成本定价为价格下限；顾客的支付能力决定了市场需求价格，故以需求定价为价格上限；而市场竞争态势决定了实际成交价格，故以竞争定价为实际交易价格。

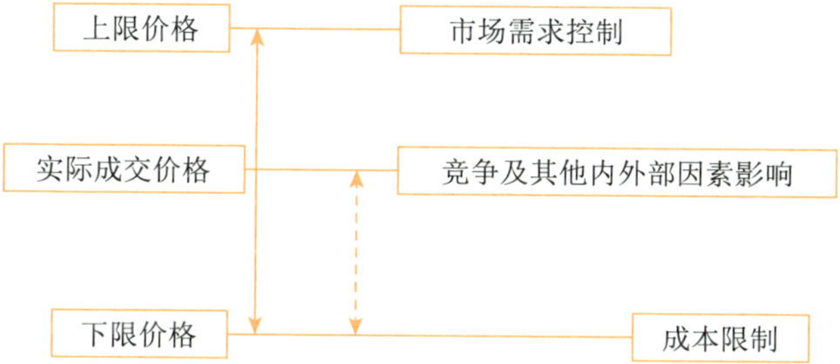

图 3-10 客房定价区间范围

1. 成本导向定价法

成本导向定价法，是指以酒店经营成本为基础制定客房产品价格的一种方法，即在产品单位总成本的基础上，加上单位平均利润分摊额和相应税金而形成价格的一种定价方法。成本导向定价法简便易行，分类繁多。酒店常用的成本导向定价法主要包括以下几种：

（1）千分之一定价法

千分之一定价法，也称为“建筑成本定价法”，是国际上通用的一种根据酒店建筑总成本来制定客房价格的一种方法，即客房价格等于酒店建筑总成本的千分之一。其公式为：

$$\text{客房平均价格} = \frac{\text{饭店建造总成本}}{\text{饭店客房总数}} \times \frac{1}{1000} \quad (3\text{-}3)$$

例如，某五星级酒店建造总成本为 4.5 亿元人民币，客房总数为 300 间，如果用千分之一定价法来确定其房价，那么酒店客房平均价格 = 450000000/300 × 1/1000 = 1500（元 / 间夜）

为什么客房平均价格等于造价的千分之一？我们可以这样理解：假设每间客房一年 365 天每天都能租出去，在三年内共租出 1095 次（等于 365 乘以 3），约等于出租了 1000 次，所以如果用其去除造价，便得到它的价格。换句话来说，就是按照 1500 元的平均价格，大致三年后该酒店可以收回投资成本。

由于千分之一定价法十分易懂易算，所以常常被用于指导酒店（尤其是新建酒店）对客房平均价格的估算，判断酒店现行客房价格的合理程度。然而，由于千分之一定价法只考虑了酒店建造总成本和投资回收期，而没有考虑市场供需情况、竞争对手等因素，因此该方法计算出的价格只能作为参考平均价格，不能作为实际交易价格。

（2）盈亏平衡定价法

盈亏平衡定价法，是指在酒店客房销售收入等于客房总成本的情况下，制定的客房价格，即保本价格。其计算公式为：

$$\text{客房价格}=\frac{\text{单位总成本}}{1-\text{税率}} \tag{3-4}$$

$$\text{单位总成本}=\text{单位固定成本}+\text{单位变动成本}$$

例如，某酒店有客房 100 间，其中，标准间 80 间，套间 20 套。标准间每日客房固定成本为 200 元，套间每日客房固定成本为 390 元，每间（套）的每日变动成本为 85 元，营业税率为 5%，那么用盈亏平衡定价法计算可得：标准间价格 =（200+85）/（1−5%）= 300（元）；套间价格 =（390+85）/（1−5%）= 500（元）

该方法计算得出的价格通常作为酒店定价的衡量标准和依据。如图 3-11 所示，在不考虑税率的情况下，P_2 即为盈亏平衡点的保本价格，此时利润为零；而当价格高于 P_2 时，例如 P_0 和 P_1，酒店即可获得利润；低于 P_2 时，例如 P_3 和 P_4，酒店潜藏着亏损的风险。由于酒店客房产品具有不可储存性、高固定成本低变动成本等特点，如果当晚一间客房空置，则必然会造成单位总成本的损失；而如果将价格降至 P_3 出租，则可以挽回单位变动成本和部分固定成本的损失，因此在特殊情况下，P_3 也可以作为一种营业价格存在，比如酒店的尾房以低于保本价的价格出售。值得注意的是，当价格 $\leqslant P_4$ 时，则停止销售。因此特殊情况下，酒店客房动态定价的下限价格实为单位变动成本，但正常经营时的下限价格为单位总成本，即保本价格。

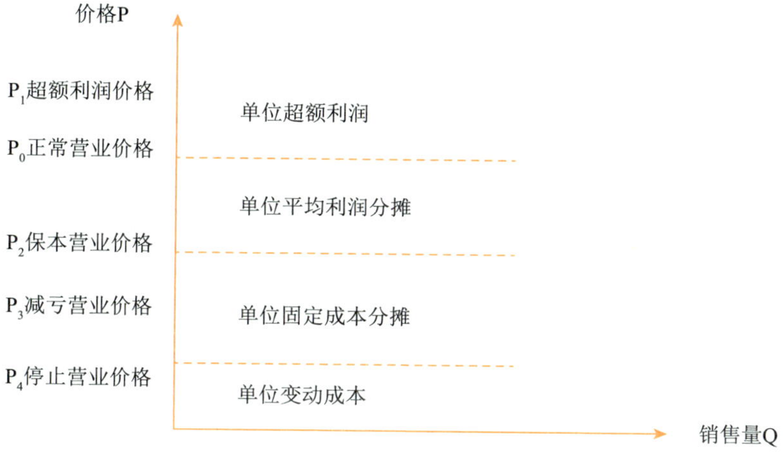

图 3-11 成本导向定价法价格类型

（图片来源：祖长生，酒店收益管理［M］. 中国旅游出版社，2021。）

（3）成本加成定价法

成本加成定价法是按酒店产品的成本加上一定比例的加成率而进行定价的一种方法。其计算公式为：

$$客房价格=\frac{（单位变动成本+单位固定成本）\times（1+加成率）}{1-营业税率} \quad （3-5）$$

例如，某酒店有客房 100 间，预计客房出租率为 60%，全年客房固定成本为 657 万元，客房单位变动成本为 80 元，预期的加成率为 50%，营业税率为 5%。那么该酒店客房单位固定成本 = 6570000/（100 × 60% × 365）= 300（元 / 间天），代入公式可得，该酒店客房价格 =（300+80）×（1+50%）/（1−5%）= 600（元 / 间 · 天）。

成本加成定价法的优点在于能够保证回收酒店所花费的所有成本，并且在正常情况下获得稳定利润，如图 3-11 中的价格 P_0 和 P_1；卖方更容易把握成本变化，也会使顾客感到公平。但其缺点是忽略了酒店客房产品在不同市场环境下的不同价值体现，不能适应迅速变化的市场要求，缺乏应有的竞争力。

（4）目标收益定价法

目标收益定价法是根据酒店的投资总额、投资回收期、预期客房销量等因素来确定价格的一种定价方法。其计算公式为：

$$客房价格 = \frac{单位总成本 + 单位目标利润}{预期客房销量 \times (1 - 营业税率)}$$

$$目标收益率 = 1/投资回收期 \quad (3-6)$$

$$目标利润额 = 投资总额 \times 目标收益率$$

例如，某酒店有客房 150 间，酒店每天应摊销的固定成本为 10800 元，预计客房出租率为 60%，每间客房每天的平均变动成本为 60 元，营业税率为 5%。该酒店投资总额为 730 万元，预期投资回收期为两年，其客房价格该定多少？代入公式可知，目标收益率 =1/2=50%，全年目标利润额 = 7300000×50%=3650000（元），酒店每天目标利润 =3650000/365=10000（元），酒店每天固定成本 =10800（元），酒店每天变动成本 =60×（150×60%）= 5400（元），酒店每天总成本 =10800+5400=16200（元），那么酒店客房价格 =（16200+10000）/［（150×60%）×（1−5%）］=306.4（元）。

2. 需求导向定价法

需求导向定价法，是指根据市场需求变化以及顾客对产品或服务的认知差异等方面来确定价格的方法。酒店常用的需求导向定价法主要包括以下几种：

（1）认知价值定价法

认知价值定价法指的是消费者会对酒店产品的性能、质量、服务、品牌等方面有着自己的认知和评价，酒店会依据消费者在主观上对该产品所理解的价值，而不是产品的成本费用水平来进行定价。在酒店收益管理中，我们需要关注消费者对酒店产品价值的主观评判，从而进行针对性的产品设计以满足不同细分市场客人的需要。

（2）需求差异定价法

需求差异定价法是酒店收益管理中最需要关注的一种定价方法。在收益管理的定价中，关注到的差异主要有两个方面，分别是时间和顾客。时间差异指的是，市场对于酒店客房的需求有明显的淡旺季之分，我们应该运用价格杠杆来调节市场供需平衡，酒店的房价不应该是固定价格，而是一个促使价格变动与市场需求变化相一致的动态价格，在收益管理中我们把这种定价方法称之为动态定价。另外，顾客差异指的是，根据顾客不同的需求特征和价格弹性向顾客执行不同的价格标准。具体来讲，就是向不同细分市场的顾客执行不同的价格标准，在执行效果上类似于实现经济学中所提到的价格歧视。

需求导向定价法的优点是从市场需求出发，充分考虑了顾客的购买需求和意愿，消除了成本导向定价法中只考虑成本因素的弊端，并能通过价格的动态变化来优化酒店的收益。其缺点是酒店管理者对市场需求的判断或预测数据可能会存在一定的偏差，如果偏差过大，可能会导致定价不准确，或过高或过低。

3. 竞争导向定价法

竞争导向定价法，是指在激烈的市场竞争中，以市场上相互竞争的同类酒店价格为定价的基本依据，以随竞争态势的变化确定和调整价格水平为特征，与竞争者产品价格保持一定的比例，而不过多考虑成本及市场需求因素的定价方法。酒店常用的竞争导向定价法主要包括以下几种：

（1）随行就市定价法

随行就市定价法是指酒店在产品定价中使价格与竞争者的平均价格水平相一致。在这种思想指导下，价格管理的目标变成使自己的价格与竞争对手的价格保持一致：当竞争对手涨价时，跟着涨价；当竞争对手降价时，跟着降价。这种定价方法有利于维持和平的竞争秩序，避免恶性削价竞争；但却忽略了产品的差异性，缺乏价格优势。因此，适用于档次、产品、客源结构相近的同类酒店，如风景名胜区内同档次度假型酒店。但是对于实行收益管理的酒店，他们往往是愿意主动竞争的，这些酒店更希望借助于价格这个工具来让酒店获得一定的竞争优势。因此，酒店收益管理的定价方法中较少考虑随行就市的定价方法。

（2）投标定价法

投标定价法是通过投标交易的方式来进行定价的一种方法。主要应用于供过于求的市场时期。在这个市场时期，一些中间商或分销商会利用供大于求的机会通过向酒店招标的方式来获得对他们有利的价格，而酒店本着实现利润最大化的目的或者为了减少客房的闲置损失往往会参加投标。例如，旅行社组团的招标、在线旅行分销商（OTA）的网上竞价、会议单位向酒店发出的会议招标等都属于这种形式。在酒店行业的管理实践中，有一种价格称为 RFP（Request For Proposal），指的是全球著名的跨国公司，这些公司往往是世界 500 强企业，这些企业每年都会在全球或区域范围内寻找定点合作酒店时最后的签约价格。RFP 的价格往往就会采用招标定价的方式，各大酒店集团为获得这份订单往往都会压低客房价格，因此 RFP 价格往往是一家酒店商务协议细分市场中最低的一档价格。

而酒店在投标中的定价是一种特殊的定价形式，需要酒店管理者掌握一定的定价技巧，并能够通过相应数据和概率分析来确定价格。由于投标中各个竞争者之间的价格是保密的，各个竞争者无法知道对方的底价。如果价格制定得过高，中标的概率就会偏低，有可能失去市场机会；而价格制定得过低，中标的概率虽然高了，但可能因价格低于盈亏平衡点而使酒店出现亏损，这就要求酒店管理者在投标定价中非常慎重。通常，在投标定价中应着重考虑投标的目的和目标、计算中标的成本和判断中标的概率三个要素，从而能取得理想的中标效果。投标定价法多应用在处于市场淡季期的景区度假型酒店和会议型酒店，位于城市的商旅酒店也会在淡季期参加 OTA 的网上竞标活动，以弥补淡季客源的不足。

（3）主动竞争定价法

从收益管理的角度出发，应用得更多的是主动竞争定价法。主动竞争定价法是指酒店在定价中充分挖掘产品的价值，找出与竞争者产品的差异化点，在市场定位准确的基础上，根据自身产品的特性来定价的一种方法。主动竞争定价法是收益管理策略中常用的定价方法之一。那么，如何来分析酒店在市场竞争中所处的地位，从而制定出合理的价格呢？我们在第一章中阐述分析了酒店市场竞争状况的几个重要指标如市场份额、出租率指数、平均房价指数和每间可用房收入指数等。酒店通过对上述指标的分析便可以清楚地了解到包括价格在内的各项市场指标完成情况以及酒店在竞争市场中所处的地位，从而更好地制定客房价格。

总体来看，在酒店的收益管理中，客房定价方法的核心是利用好时间差异与顾客差异两大关键因素，以市场需求为中心，将同一产品依据市场需求的变化以不同的价格出售给顾客或细分市场，从而实现收入最大化的一种定价方法。其最大特点，从结果上看，其客房价格是随着市场需求的变化而变化的，而不是单一固定不变的。

（二）客房动态定价的实施

1. 建立基于 BAR 的客房价格体系，为实施动态定价提供依据

构建合理的酒店价格体系，对于实施动态定价至关重要。主要体现在以下两个方面。首先，以最佳可用房价 BAR 为标准价格，构建酒店客房总的价格体系。其次，每一种不同类型的客房有着自己独立的价格体系分支，而且存在合理的逻辑关系。例如，一间单人房的费用应低于一间双人房的费用，而两间单人房的费用应高于一间双人房的费用。此外，同一类型客房不同细分市场之间的价格存在着相关性，均以最佳可用房价 BAR 为标准价格，避免因逻辑或层次关系错位而出现价格矛盾和混乱。

2. 根据市场需求变化调整最佳可用房价

客房价格的动态化主要体现在根据市场需求的变化来调整最佳可用房价，进而系列价格产生变动。以非协议散客市场为例，来看酒店是如何执行动态定价的。

动态定价制定的是酒店未来的价格，而不是过去和现在的价格，此价格需要以未来市场需求的预测作为基础，我们通常用出租率的高低来表现未来市场需求的大小。现在假设某酒店未来的市场需求按照淡旺季一共分为出租率（OCC）小于 50%、50%~70%、70%~85%、大于 85% 共 4 个级别。设 BAR 为 X，在酒店的实际运营中我们可以在 BAR 的基础之上设置一个“增值价”，也就是在客房产品基础之上包含早餐、游泳体验券、下午茶等增值项目。假设这个增值价的价差为 30 元，酒店可以根据消费者的需求，灵活地选择是否添加增值项目以及添加哪些增值项目。

另外，在 BAR 的基础上，我们再分别设置一个小折扣和一个大折扣的价格，但享受折扣价是需要满足一些限制性条件的。在酒店收益管理实践中，我们往往会针对不同细分市场客人的特征采用不同的限制条件，常见的限制条件包含：提前预订、停留时长、提前付款、预订不可取消或限时取消、购买数量等方面。

首先，假设小折扣的限制条件是“提前预订”，而大折扣的限制条件是“提前预订 + 提前付款”。

其次，制定折扣价与 BAR 之间的逻辑关系，假设此酒店的“提前预订”价格是在 BAR 的基础上打九折，“提前预订 + 提前付款”价是在 BAR 的基础上打八折。

最后，根据市场需求波动等制定出各种情况下相对应的 BAR，而各种需求情况下 BAR 之间的价差，我们既可以用固定差值设定也可以用比例差值设定。假设我们在这里采用固定差值法，级差 40 元，现在我们假设将出租率大于 85% 时的价格设置为 BAR1=320 元，那么出租率 70%~85% 时的价格 BAR2 就等于 280 元，出租率 50%~70% 时的价格 BAR3 为 240 元，出租率小于 50% 时的价格 BAR4 为 200 元。在得出各种需求情况下的 BAR 后，我们可以依据之前设定的规则很快计算出这个表格中的其他价格。例如，在出租率小于 50% 时的客房增值价为 BAR4+30 元等于 230 元，“提前预订”价为 BAR4 乘以 0.9 等于 180 元，而“提前预订 + 提前付款”价为 BAR4 乘以 0.8 等于 160 元。具体如表 3-5 所示。

我们可以发现，在整个动态定价设定的过程中，我们并没有针对每种不同的情况去定价，我们仅仅需要根据市场需求制定出每种情况下的 BAR，即设定好 BAR1 到 BAR4 的值，然后设定每种情况下其他价格与 BAR 之间的逻辑关系即可。在上面的案例中我们制定了出租率大于 85% 时的 BAR1 为 320 元，然后制定各级 BAR 之间的逻辑关系，就得到了 BAR2、BAR3 和 BAR4 的价格，在设定好增值价、折扣价与 BAR 之间的逻辑关系后，就得到了整个动态价格表。因此，最佳可用房价 BAR 是酒店整个价格体系中的核心，酒店所有其他价格都是与 BAR 有一定逻辑关系的衍生价格。但需要注意的是，一般情况下，对以上同一客房产品制定的 BAR 增值或折扣价格数量不宜过多，以 3 至 5 个为宜，如果数量过多，不仅增加了管理的难度，而且还会降低顾客的认同感。

表 3-5　动态价格结构表

需求	增价	BAR（$）	小折扣	大折扣
	+$30	X	-10%	-20%
＜ 50%	$230	$200　BAR4	$180	$160
50%~70%	$270	$240　BAR3	$216	$192
70%~85%	$310	$280　BAR2	$252	$224
＞ 85%	$350	$320　BAR1	$288	$256

3. 依据市场需求预测，建立动态定价日历

动态定价是制定的未来价格而不是过去和现在的价格。因此，需要有充分的市场预测作为基础，才能把握未来市场需求变化的脉搏，从而制定出能够满足市场需求的价格。

一方面，酒店收益经理应该及时关注和收集未来将要发生并对酒店客源产生影响的市场事件，包括相关经济政策、各类会议、展会、体育赛事、大型演出、特殊的天气情况以及竞争对手营销策略和价格的变化等。例如，中国艺术节将在某酒店所在的城市举办，届时将有来自世界各地和国内众多的艺术团队和观众参加这一活动。在此期间，市场对酒店客房产品的需求量会出现快速增长。酒店在关注到这一信息后，便可以通过提高房价的方式来获得更多的客房收入。反之，如果酒店所在的城市未来某几日会出现暴雨天气，交通受到一定的限制，顾客将会减少出行。届时，酒店可适当地降低房价，采取薄利多销的竞争方式来吸引有限的顾客入住，从而减少空房损失。

另一方面，通过市场需求预测获得未来客房的出租率或订房量预测数据，在面对市场需求发生变化时，以往酒店往往需要临时做出决策，到底要不要调价？这类问题往往会困扰着经营管理者们，使他们难以做出准确的判断和决策。但如果酒店按照收益管理的框架体系做好动态价格的设定后，这些问题都将不再会是问题。在实际经营中，酒店可以参照表格中的价格，根据不同的市场需求情况进行精准的投放。图 3-10 就是酒店收益管理系统中每天不

同价格的投放情况，酒店每一天的经营情况用一个表格表示，其中的 OF 指标表示的就是出租率的预测值，我们可以看到酒店向市场每天投放的 BAR 并不相同，BAR 是跟随着 OF 的变化而变化的。在 OF 为 100% 时，酒店向市场投放了 BAR1，1100 元的最高价，而在 OF 为 61.97% 的时候投放 BAR5，价格为 550 元。通过收益管理系统的这个功能，我们能够系统而直观地把握未来的市场需求与酒店价格制定的情况。这个表格，我们把它称之为“价格日历”，也就是通过市场需求预测获得未来客房出租率或订房量的预测数据，并将每日市场需求程度的高低和销售价格以日历的形式展示出来的一种价格与市场需求的组合界面。（如图 3-12、图 3-13 所示）

在收益管理系统中“价格日历”不仅能显示未来市场需求的预测情况和动态价格执行情况，还能够直观地看到过去酒店每一天的实际经营数据。酒店收益经理可以根据过去实际的经营情况进行总结分析，并及时关注和收集未来将要发生并对酒店客源产生影响的市场事件，包括相关经济政策、各类会议、展会、体育赛事、大型演出、特殊的天气情况以及竞争对手营销策略和价格的变化等。进一步修正和提高 BAR 价格与酒店市场需求的匹配度，从而更好地实现动态定价。

4. 跟踪价格的执行情况，做到及时反馈和修正

跟踪价格的执行情况，主要是指对各类房价投入市场后的执行效果进行定期分析和评价，并及时反馈和修正。酒店通常按以下方式来开展此项工作。一是定期分析和评价已实现的主要市场指标和客房收入，通过比较分析的方式来评价价格的执行情况。酒店通常采取与预算指标的比较分析、与前三年指标的比较分析和与竞争群体的比较分析三种方式来综合评价实现市场指标的效果，与竞争群体的比较分析主要来自对收益指标数据的衡量。二是通过市场反馈对存在偏差的价格进行及时修正。价格偏差主要体现在某一市场时期价格制定得过高或过低，或优化效果不明显。通过对市场指标的分析比较，可以及时发现存在的价格偏差，并进行及时修正。

近年来，动态定价在我国酒店业正逐步得到应用，对挖掘市场潜力、实现收益最大化起着十分重要的作用。然而，动态定价也存在着一定的风险，需要我们及时关注并加以规避。主要体现在：一是收益管理的动态定价策略作为新生事物，近年来才逐渐被部分酒店所采用，而国内多数酒店还沿用着传统的定价方法，即价格的变动基本是以自然季节为周期，变动周期较长。动态定价策略还没有被市场中多数顾客所了解和认同，如果宣传和引导工作做得不够充足，频繁的房价变动很容易引起顾客的不满，从而放弃对酒店产品的购买。二是动态定价策略是基于市场需求预测的基础执行的，而预测结

23日 ADR 707.73 RevPAR 553.23 OCC 78.17% | 111	24日 BAR1 1100↑ ADR 667.69 RevPAR 413.78 OF 100.00% | 142↑28 OTB 61.97% | 88↑7	25日 BAR3 800↑ ADR 665.70 RevPAR 426.61 OF 88.03% | 125↑10 OTB 64.08% | 91↑6	26日 BAR1 1100↑ ADR 674.97 RevPAR 232.91 OF 100.00% | 142↑34 OTB 34.51% | 49↑2	27日 BAR1 1100↑ ADR 684.34 RevPAR 173.50 OF 100.00% | 142↑27 OTB 25.35% | 36↑3	28日 BAR2 900↑ ADR 730.19 RevPAR 159.41 OF 90.85% | 129↑20 OTB 21.83% | 31↑2	29日 BAR1 1100↑ ADR 714.36 RevPAR 211.29 OF 100.00% | 142↑20 OTB 29.58% | 42↑3
30日 BAR1 1100↑ ADR 686.10 RevPAR 246.42 OF 100.00% | 142↑25 OTB 35.92% | 51↑4	31日 BAR1 1100↑ ADR 694.63 RevPAR 244.59 OF 98.59% | 140↑35 OTB 35.21% | 50↑4	1日 BAR1 1100↑ ADR 693.71 RevPAR 219.84 OF 100.00% | 142↑15 OTB 31.69% | 45 0	2日 BAR1 1100↑ ADR 692.01 RevPAR 219.30 OF 100.00% | 142↑29 OTB 31.69% | 45↑1	3日 BAR1 1100↑ ADR 679.44 RevPAR 196.18 OF 100.00% | 142↑38 OTB 28.87% | 41↑1	4日 BAR1 1100↑ ADR 689.40 RevPAR 194.20 OF 100.00% | 142↑30 OTB 28.17% | 40↑1	5日 BAR1 1100↑ ADR 640.45 RevPAR 81.18 OF 97.18% | 138↑14 OTB 12.68% | 18↑1
13日 BAR4 700 ADR 712.91 RevPAR 140.57 OF 77.46% | 110↑11 OTB 19.72% | 28↑1	14日 BAR4 700 ADR 752.86 RevPAR 132.55 OF 71.83% | 102↑3 OTB 17.61% | 25↓-1	15日 BAR4 700 ADR 717.35 RevPAR 186.91 OF 76.06% | 108↑9 OTB 26.06% | 37↓-1	16日 BAR4 700 ADR 683.11 RevPAR 202.05 OF 66.20% | 94↓-3 OTB 29.58% | 42↑4	17日 BAR4 700 ADR 688.99 RevPAR 213.49 OF 65.49% | 93↓-16 OTB 30.99% | 44↑2	18日 BAR4 700 ADR 687.95 RevPAR 218.01 OF 69.72% | 99↑1 OTB 31.69% | 45↑5	19日 BAR5 550↓ ADR 688.92 RevPAR 223.17 OF 63.38% | 90↓-7 OTB 32.39% | 46↑2
20日 BAR4 700 ADR 676.41 RevPAR 200.06 OF 78.17% | 111↑2 OTB 29.58% | 42↑3	21日 BAR4 700 ADR 691.08 RevPAR 194.67 OF 76.06% | 108↓-3 OTB 28.17% | 40↑1	22日 BAR4 700 ADR 648.71 RevPAR 77.66 OF 66.20% | 94↓-4 OTB 11.97% | 17↓-1	23日 BAR4 700 ADR 690.80 RevPAR 63.24 OF 69.01% | 98↓-1 OTB 9.15% | 13 0	24日 BAR5 550↓ ADR 726.16 RevPAR 76.71 OF 61.97% | 88↓-13 OTB 10.56% | 15↑1	25日 BAR4 700 ADR 701.15 RevPAR 83.94 OF 69.72% | 99↓-1 OTB 11.97% | 17↑1	26日 BAR5 550↓ ADR 705.59 RevPAR 89.44 OF 63.38% | 90↓-15 OTB 12.68% | 18↑2

图 3-12　酒店收益管理系统中每天价格的投放情况

（数据来源：壹蹴云全收入流整合分析系统）

2020年10月 < >

OCC<40%：　40%<=OCC<60%：　60%<=OCC<80%：　OCC>=80%：

周一	周二	周三	周四	周五	周六	周日
28日 BAR：400.0 | 409.06 ADR：431.76 OCC：28.63% ACT：73.0 | 0.0	29日 BAR：400.0 | 401.49 ADR：386.05 OCC：18.43% ACT：47.0 | 0.0	30日 BAR：400.0 | 395.26 ADR：526.01 OCC：26.67% ACT：68.0 | 0.0	1日 BAR：400.0 | 395.45 ADR：503.28 OCC：29.41% ACT：75.0 | 0.0	2日 BAR：400.0 | 396.50 ADR：549.29 OCC：75.29% ACT：192.0 | 0.0	3日 BAR：400.0 | 396.55 ADR：601.61 OCC：101.96% ACT：260.0 | 0.0	4日 BAR：400.0 | 393.33 ADR：622.15 OCC：100.2% ACT：255.5 | 0.0
5日 BAR：400.0 | 394.59 ADR：548.37 OCC：87.45% ACT：223.0 | 0.0	6日 BAR：400.0 | 409.52 ADR：499.24 OCC：43.92% ACT：112.0 | 0.0	7日 BAR：400.0 | 401.99 ADR：532.82 OCC：29.02% ACT：74.0 | 0.0	8日 BAR：400.0 | 399.22 ADR：427.47 OCC：18.63% ACT：47.5 | 0.0	9日 BAR：400.0 | 404.63 ADR：394.22 OCC：33.33% ACT：85.0 | 0.0	10日 BAR：400.0 | 405.74 ADR：386.07 OCC：56.86% ACT：145.0 | 0.0	11日 BAR：400.0 | 407.14 ADR：391.56 OCC：54.51% ACT：139.0 | 0.0
12日 BAR：400.0 | 402.05 ADR：385.55 OCC：64.31% ACT：164.0 | 0.0	13日 BAR：400.0 | 401.57 ADR：395.36 OCC：61.57% ACT：157.0 | 0.0	14日 BAR：400.0 | 391.50 ADR：386.36 OCC：87.45% ACT：223.0 | 0.0	15日 BAR：400.0 | 398.29 ADR：402.57 OCC：72.75% ACT：185.5 | 0.0	16日 BAR：400.0 | 410.46 ADR：445.51 OCC：91.76% ACT：234.0 | 0.0	17日 BAR：400.0 | 397.24 ADR：455.84 OCC：60.2% ACT：153.5 | 0.0	18日 BAR：400.0 | 410.33 ADR：416.41 OCC：30.2% ACT：77.0 | 0.0
19日 BAR：400.0 | 392.05 ADR：388.5 OCC：37.45% ACT：95.5 | 0.0	20日 BAR：400.0 | 399.59 ADR：424.77 OCC：46.08% ACT：117.5 | 0.0	21日 BAR：400.0 | 402.72 ADR：455.25 OCC：97.65% ACT：249.0 | 0.0	22日 BAR：400.0 | 405.33 ADR：454.21 OCC：98.43% ACT：251.0 | 0.0	23日 BAR：558.0 | 552.19 ADR：494.83 OCC：89.22% ACT：227.5 | 0.0	24日 BAR：558.0 | 570.99 ADR：492.34 OCC：46.47% ACT：118.5 | 0.0	25日 BAR：558.0 | 546.92 ADR：476.49 OCC：28.63% ACT：73.0 | 0.0
26日 BAR：558.0 | 557.96 ADR：449.96 OCC：39.22%	27日 BAR：400.0 | 393.50 ADR：443.7 OCC：54.51%	28日 BAR：450.0 | 459.14 ADR：444.94 OCC：54.51%	29日 BAR：390.0 | 393.23 ADR：431.26 OCC：55.29%	30日 BAR：400.0 | 392.95 ADR：447.87 OCC：43.82%	31日 BAR：400.0 | 403.61 ADR：458.09 OCC：38.63%	1日 BAR：418.6 | 419.76 ADR：565.69 OCC：10.98%

图 3-13　酒店客房动态定价日历

（数据来源：壹蹴云全收入流整合分析系统）

果不可能是百分之百的准确，总会存在着一定的误差，这也给动态定价策略的实施带来风险。因此，酒店在实施动态定价中应充分考虑市场环境，提高市场预测精准率，制定合理的价格结构体系，把握好价格变动的频率，因地制宜地开展工作。

第三节　酒店客房动态定价的影响因素

为能够有效地实施客房动态定价策略，酒店管理者除了需要掌握以上动态定价的基本方法外，还应了解影响客房动态定价的相关因素，以便定价策略既能够满足市场需求，也能够规避市场风险。下面，我们就影响客房动态定价的主要因素进行阐述。

一、政策法规与经济环境

从经济学角度看，政策法规与经济环境对企业的经营都将产生着直接或间接的影响，酒店企业也不例外。如前所述，实施动态定价的前提是市场需求随着时间的变化而变化，而正是因为市场需求的变化，才使酒店得以利用需求的变化来变动价格，从中获得更高的收益。一般来讲，市场需求的变化频率越高，也就意味着消费市场的活跃度越高，而消费市场的活跃度与政策法规和经济环境都有着密切的关系并且正相关。例如，政府任何一项刺激消费的政策出台，其目的都是提高消费市场的活跃度，推动大众消费，从而促进经济的发展。如果某一项政策法规有利于酒店行业的发展，那么就会为酒店带来良好的经济和市场环境，从而推动市场需求的增长，激发市场的活跃度，对酒店实施动态定价策略就更为有利，反之亦然。因此，酒店管理者应及时关注国家宏观政策和经济环境变化，为掌握和分析酒店市场需求变化提供帮助。

二、市场波动幅度与频率

在酒店客房动态定价时，市场需求波动幅度和频率的高低，都是影响定价的主要因素。通过价格的杠杆来调节市场的供需平衡，程度的高低是由需求波动的幅度和频率来决定的。波动幅度越大，价格的变动区间越大；波动幅度越小，价格的变动区间也就越小。而波动频率越高，价格变化的次数越多；波动频率越低，价格变化的次数也就越少。通常，市场供给量变化是引起市场波动的主要原因，并对其波动幅度和频率产生着影响。因此，市场供给量、波动幅度和频率与动态定价策略的实施具有较大的相关性。

三、酒店品牌的价值表现

酒店品牌价值是品牌资产的重要组成部分，顾客消费行为，对动态定价策略也会产生一定的影响。一般来讲，如果一家酒店或酒店集团的品牌知名度越高，信誉度越好，顾客对该品牌的忠诚度和依赖性也就越强，价格敏感度也会越低，有助于酒店推行动态定价策略，反之亦然。因此，酒店应注重自身品牌价值的表现和提升，除了积极打造优质服务产品外，还应该积极投身于社会公益活动。同时，更需要注重来自不同渠道的顾客点评（也称客评），做到对每一项客评有专人关注并及时回复，建立客评分析制度和流程，定期召开由相关部门管理人员参加的客评分析会议，及时解决顾客提出的意见和问题，不留遗憾，以此来增加客户的黏性，提高顾客的忠诚度。因此，不断提升酒店的品牌价值，培养更多的忠诚客户，提高客户对酒店品牌的黏性，对酒店实施动态定价策略是十分必要的。

四、酒店对于价格的管理能力

酒店对价格的管理能力主要是指酒店在定价、构建价格体系、对价格进行控制和话语权等方面的能力，这些能力对动态定价工作的效果都将产生一定的影响。酒店对价格的管理能力越强，动态定价的执行力也会越强，实施的效果就会越好，这样，不仅可使酒店获得更多的潜在收入，而且也会提高市场竞争力。反之，酒店对价格的管理能力越弱，特别是如果缺乏相应的市场需求预测和价格敏感度分析手段，动态定价的执行力也会越弱，执行的效果就会大打折扣。然而，要提高酒店对价格的管理和控制能力，也并非易事，需要酒店从设立收益管理部门或专业化的管理人员入手，通过市场需求预测来判断未来市场，应用价格敏感度分析来制定最佳可用房价；通过构建能够满足市场需求的价格体系来关注每一个 BAR 的实施效果；并根据市场需求的变化开放和关闭不同的价格等级，做到有尺度、有依据地对房价进行适时的调控。只有这样，最终才能增强酒店对价格的管理能力。

五、竞争对手的策略

我们在研究和实施动态定价中，如果没有竞争者，事情会变得非常简单。酒店只需要考虑自身客房产品的供给和顾客的需求情况，通过敏感度分析来制定价格就可以了。然而，现实经营中竞争者是存在的，正是因为竞争者的存在，其所推行的各种销售策略和价格都会对酒店实施动态定价策略产生较大的影响。因此，酒店在实施动态定价中要充分考虑竞争对手的策略和价格，并将其作为影响动态定价的主要因素，从提高市场竞争力的角度定价，以免价格偏离市场轨道。

思考与练习

一、选择题

1. 当价格弹性系数为（　）时，酒店可适当采取提价策略，从而提高客房的收入。

A. 等于 0　　B. 小于 1　　C. 等于 1　　D. 大于 1

2. 通常作为制定酒店客房价格体系标准价格和基础价格的是（　）。

A. 门市价　　B. 酒店官网价格

C. 平均房价　　D. 最佳可用房价

3. 下列选项中，能够决定客房市场成交价格的是（　）。

A. 客房产品价值　　B. 客房产品成本

C. 竞争态势　　D. 顾客支付能力

二、判断题

1. 酒店通过价格杠杆调节市场供需关系，使得客房价格和出租率可以保持在最佳的平衡状态，从而使 RevPAR 获得最大化。（　）

2. 最佳可用房价是指某个时间段内最高的客房价格。（　）

3. 动态定价适用于所有产品和场景，不会给企业带来消极影响。（　）

三、简述题

1. 酒店客房传统的定价方法有哪些？

2. 什么是动态定价？酒店客房动态定价应如何实施？

3. 影响酒店客房动态定价的因素有哪些？

四、案例分析题

Uber（Uber Technologies，Inc.）中文译作“优步”，是一家美国硅谷的科技公司，以移动应用程序链接乘客和司机，提供租车及实时共乘的服务。在2012年初，Uber位于波士顿的研究组发现，每到周五和周六凌晨1点左右，会出现大量的“未满足需求”。导致这种现象的原因是，在这个时段大部分司机退出Uber系统，准备收工回家；而恰恰这会儿在Party上嗨完的人刚刚准备回家。这就造成了瞬间的供需不平衡，在最需要用车的时候却叫不到车，用户的抱怨与日俱增。于是Uber的工作人员想出如下几个方案。

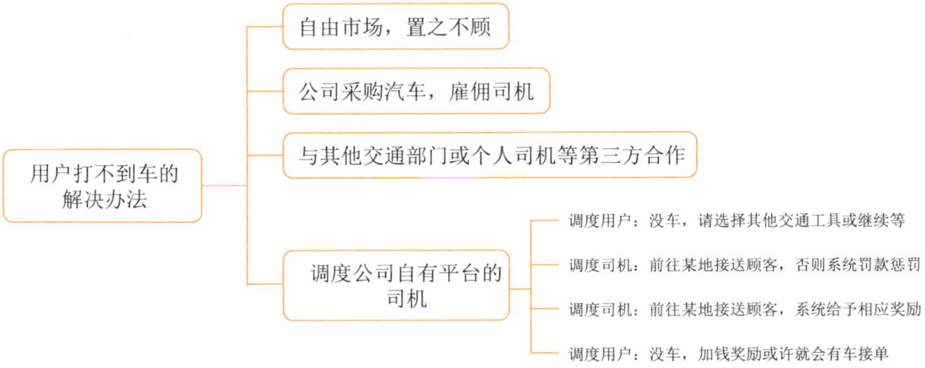

图3-14 用户打不到车的解决办法分析

第一种方案是完全自由市场，没有任何调控，我们认为Uber是一家理性的公司，显然不会这么做。

第二种方案Uber几乎也不会采取，因为Uber一开始就定位于共享经济，这个方案将使Uber成为一个B2C和C2C混合的经济体，这是Uber不愿意考虑的方向。

第三种方案与第二种方案类似，都会加重公司的负担并且与初始定位违背，所以也被否决。

那就只剩下第四种方案，调度。随后，Uber尝试在高峰期（午夜到凌晨3点）适当提高乘车单价，看是否有司机响应。仅仅两周后，他们就得到了非常好的反馈，在该时段的提价，使得出租车的供应量增加了70%~80%，几乎满足了2/3的“未满足需求”，绝对是个重大突破。看来在该领域，供应量的弹性非常大，在市场价格调高后，司机确实更有动力守候在午夜时分。这个调查成功地开启了Uber的动态定价，随后便正式应用在任何高峰时段。动态定价的算法也十分智能，在用户等待时间有个比较陡峭的上升趋势时，便会触发该算法。

请问：Uber 选择了第四种方案中的哪一个选项？并阐述依据及理由。

五、项目实训

分组自选一家本地酒店，通过网络搜集、实地调研等方式，梳理该酒店的客房价格体系，监测该酒店在各种渠道上的价格变化情况（时间周期最少一个月），分析其价格变化原因并总结其变化规律。

4 第四章 酒店客房的容量控制

本章导读

建造一家酒店前期投入较大，少说几千万多则上亿元，而且建设周期较长。这决定了酒店一旦建成，其产品的供给是相对固定的，即酒店无法在市场需求暴增的情况下迅速增加“产量”，也无法在市场需求不足的情况下减少“产能”。因此，酒店在一定时间内增加收益，只有两种方法可行，一是提高价格，二是增加销量。但是由于酒店产品具有可提前预订的特点，什么时间将产品销售出去会极大地影响着酒店的收益。因为，如果酒店采取“先到先得”的销售策略，当市场需求增加时，酒店即使想提高价格时也将面临无房可售的尴尬局面。因此，根据市场需求预测，控制销售节奏，在合适的时间将适当的客房销售出去是收益经理必须具备的一项技能，也是一门艺术。

学习目标

1. 了解酒店容量控制的概念及意义；
2. 了解酒店容量控制实施的前提条件；
3. 了解酒店容量控制的方法；
4. 能够运用最短入住时长控制进行客房可售房量的控制；
5. 能够运用置换分析判断团队预订是否接收。

思维导图

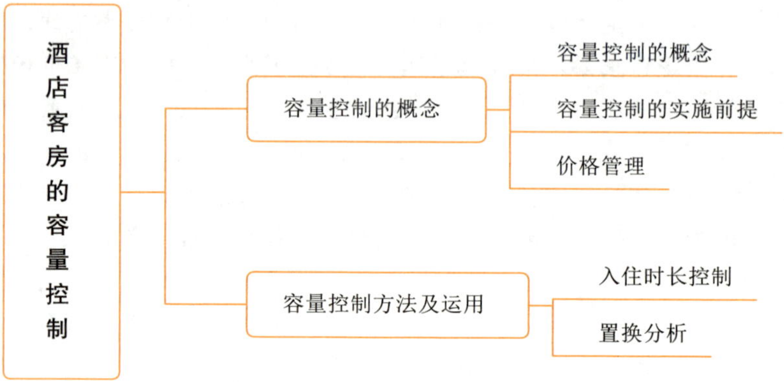

第一节　容量控制的概念

一、容量控制的概念

在酒店业中，客房的空间和时间是其销售的主要产品。因此，酒店的收益经理需要通过积极管理其独特产品，即构成酒店容量的客房，从而寻求优化其收入。

容量控制是指以各种价格通过各种分销渠道进行销售，以使客房间夜数最大化，并获取最大收入的过程。容量控制是在酒店的各种分销渠道之间分配房间类型、房间价格和管理客房预订的过程。

为了更好地理解收益管理是如何有效地管理客房容量的，可以考虑这个案例：酒店 A 和酒店 B 拥有 200 间客房，其中大床客房（包含一个特大床的房间）100 间和双床客房 100 间。每种类型的房间都以每晚 199 元的相同价格出售。表 4-1 显示了每家酒店在一个满房之夜产生的客房收入、平均房价和每间可销售房收入。

表 4-1　A 酒店与 B 酒店某日经营情况

		A 酒店		B 酒店	
房间类型	房价	房间销售数量	收入	房间销售数量	收入
大床客房	199	100	19900	100	19900
双床客房	199	100	19900	100	19900
合计		200	39800	200	39800
入住率		100%		100%	
RevPAR			199		199

由于酒店 A 和酒店 B 在周末的时候入住率很低，平均只有 50%，因此他们都会提供周末房价 20% 的折扣。假设在未来的一个周末，酒店 A 和酒店 B 都进行了需求预测，预计周六晚上的入住率将达到 75%。酒店 B 根据 PMS 系统提供的有关客房销售总额的情况，生成其需求预测；而酒店 A 根据两种房间类型的需求创建预测，确定了目前对双床客房的需求非常强劲，而对大床客房的需求低于正常水平，即低于 50% 的水平。两家酒店的定价策略与房间预订管控如下：

酒店B的管理团队决定，在该特定日期，其159元的折扣价格将保持不变，理由是，由于酒店客房没有售罄，预计当晚将有50间客房不能售出，因此提供折扣价格将有助于提高客房的吸引力，进而提高出租率。

酒店A的操作是仅在周末晚上停止向市场提供折扣价格。之所以这么做，是因为该酒店得到的报告显示，那些预订了当晚客房的客人目前对双床客房和大床客房的预订偏好为2比1。该酒店通过进一步调查得知，周六将会在当地举办省级体操比赛，因此双床客房的需求量会远远超过大床客房——因为大多数选手是以团队的形式参赛，他们更加偏好入住双床客房。

随着周六的临近，酒店B的双床客房很快就售罄了，因为他们提供了约20%的折扣（$\frac{199-159}{199}$=20.1%）。由于对双床客房的需求非常高，酒店A最终也将其全部出售。两家酒店的入住率都达到了预期的75%。然而，由于酒店A早些时候取消了双床客房的折扣，因此有50间双床客房以更高的价格（199元每间夜）出售。表4-2详细列出了这两家酒店在该周六生成的客房销售相关统计数据。从数据中可以看到酒店A的可售房收入得到了提升，相对于B酒店，收入增加了8.4%。该差异的计算公式及过程如下。

$$\frac{A\text{酒店的可售房收入}-B\text{酒店的可售房收入}}{B\text{酒店的可售房收入}}=\text{可售房收入的差异} \quad (4\text{-}1)$$

在本例中，其计算如下：

$$\frac{25850-23850}{23850}\approx 8.4\%$$

在这个案例中，存在四种不同的客房。他们是：大床房、折扣大床房、双床房、折扣双床房。重要的是，酒店B没有改变它的部分房间类型价格，而是只改变其是否可以出售。本周六晚上两个不同酒店的可用客房清单如表4-2所示。

在这种情况下，酒店A能够更好地管理其客房存量，主要是基于该酒店卓越的预测技术，实施收益管理容量控制策略，使其作出了正确而精准的决策，从而提高了每间可售房收入。

表4-2　A酒店与B酒店周六经营情况

	A酒店		B酒店	
房价	房间销售数量	收入	房间销售数量	收入
159	50间大床房	7950	50间大床房	7950

续表

	A 酒店		B 酒店	
房价	房间销售数量	收入	房间销售数量	收入
159	50 间双床房	7950	100 间双床房	15900
199	50 间双床房	9950		
合计	150	25850	150	23850
入住率	75%		75%	
ADR		172.33		159.00
RevPAR		129.25		119.25

通过以上案例可以看出，实施收益管理容量控制策略能够为酒店实现更多的收入。根据容量控制的概念，客房容量是指酒店所有独特或不同形式的可供出售的客房数量。在本案例中，酒店 A 将客房分为四个类别，即大床房、折扣大床房、双床房和折扣双床房。从这个意义上来说，酒店 A 的收益管理经理并没有将客房进行差异化定价，而是管控了不同类型客房的销售，这种管控情况见表 4-3。

表 4-3 A 酒店与 B 酒店在某周六的房间类型与预订状态

客房类型	房价	是否可预订	
		酒店 A	酒店 B
大床房	199	是	是
折扣大床房	159	是	是
双床房	199	是	是
折扣双床房	159	否	是

酒店 A 通过更好地管理容量，主要是收益经理具有更好的预测技术，预测到了客人的需求特征和每类客房的需求情况，做出了关闭折扣双床房销售的决策，从而提高了酒店的 RevPAR。

酒店收益经理在使用容量控制方法之前，需要审视酒店的客房分类、预测技术手段和市场渠道等情况，不然容量控制方法很难起到优化酒店收益的作用。

二、容量控制的实施前提

（一）客房类型的优化

收益经理在实施容量控制之前，首先要了解酒店客房产品的特征，并将其进行分类和编码。一般酒店会根据一些特征将客房分成不同的类型，分类的依据一般包括房间位置、房间大小或类型、房间的设施设备配置情况、房间价格包含因素等。

1. 房间位置

在酒店行业中，所有房间都是相同的、无差别的这一理念已经过时了。比如在海滩度假酒店中，大多数客人会认为那些可以看到海滩景色的房间比那些看不到海滩景色的房间具有更高的价值；在很多酒店内，位于电梯旁的房间可能被认为比不位于电梯旁的房间价值更低；在一个山地度假胜地，楼层较高的房间因能为客人提供更广阔的视野而具有更高的价值。所以一些酒店通过创建行政楼层房间，最大限度地利用位置感知影响客房价值。

酒店应仔细检查其自身物业，以确定房间的差异，并为这些差异的房间设置不同的房间代码，其独特的特点应该专门传达给那些最看重这些房间特征的客人，并且为其指定合理的价格。

图 4-1　北京柏悦酒店的套房

2. 客房大小和类型

大多数客人认为大房间比小房间更有价值。酒店可以通过确定其酒店最大的房间并为房间配置额外设施来提高其价值。然后，酒店可以为这些房间设定独特的房间代码，并将其作为一种截然不同的房间产品出售。比如有的酒店设置复式套房、新婚套房、总统套房，或其他名称和标识的客房。

酒店收益经理必须了解大面积的房间价格更高的原因，这些原因包括它占用了更多的空间，清洁和补充这些较大房间所需的时间更多，拥有更多的床位数等等。

3. 床的类型

即使在位置和面积相同的房间中，床的配置在容量控制中也起着非常重要的作用，几乎所有酒店的房间类型都可以根据床的类型进行划分。例如，两个相邻且面积相同的房间仍将设计为"K"（大床）房间（如果包含该床类型），或"DD"（双人）房间（如果包含该床类型），在表 4-4 中列出了青岛鲁商凯悦酒店在携程网显示的客房类型。

表 4-4　青岛鲁商凯悦酒店 2022 年 7 月 23 日的房间价格表

房间名称	特征	房价（无早餐）
豪华客房	42-46 平方米；1 张 1.8 米大床	1388
嘉宾轩大床房	42 平方米；1 张 1.8 米大床	1738
嘉宾轩双床房	42 平方米；2 张 1.2 米单人床	1738
海景大床房	42 平方米；1 张 1.8 米大床	1788
嘉宾轩海景大床房	42 平方米；1 张 1.8 米大床	2238
嘉宾轩海景双床房	42 平方米；2 张 1.2 米单人床	2238
海景双床房	42 平方米；2 张 1.2 米单人床	2621
凯悦大床套房	84 平方米；1 张 1.8 米大床	3488

4. 房间价格包含因素（包价）的确认

房间价格里面包含了很多因素，比如是否包含了游泳池、健身房的免费试用，是否包含早餐等等。酒店通常将房间价格包含什么因素用不同类型的包价来表示。包价是指酒店入住宾客在入住开始前即将全部或部分费用预付给酒店，由酒店根据同宾客的约定，相应地为宾客安排入住过程中的吃、住、娱等活动。包价是住宿行业中试用的最常见的容量控制方法之一。酒店将房间价格、双人晚餐和第二天早上的早餐捆绑在一起以更实惠的价格销售给宾客，这将有利于带动酒店其他产品的销售，从而提高酒店整体的收益。因此，酒店在对外报价前应该首先确认此价格包含什么因素，以便宾客选择。

（二）客房代码的设计

客房产品在酒店的 CRS 和 PMS 中以代码的形式进行编辑。表 4-5 列出了位于海滩边的度假酒店可能使用的十个房间代码，该度假酒店拥有一些能够看到海洋的房间，其余房间面向度假酒店的游泳池区域。

在设计房间代码时，酒店应努力创建最佳数量的房间代码。个别房间代码应帮助酒店销售人员和前台员工清楚地了解酒店各种房间类型之间的显著差异。房间代码太少通常意味着酒店在房间产品的类型控制方面做得不好；房间代码太多又不利于员工的记忆。因此，现代 CRS 和 PMS 可以记录几乎无限数量的房间代码数据，但酒店的员工必须能够区分和识别这些代码。房间代码过多会导致房间需求预测过于复杂，房间分配过程繁琐且容易出错。

表 4-5 某海滨酒店客房代码

客房描述	床型	房间代码
1. 高级客房，70 平方米，花园视野	大床	KP
2. 高级客房，70 平方米，花园视野	双床	KO
3. 高级客房，70 平方米，大海视野	大床	DDP
4. 高级客房，70 平方米，大海视野	双床	DDO
5. 高级套房，90 平方米，大海视野	大床	JKO
6. 高级套房，90 平方米，大海视野	双床	JDDO
7. 豪华套房，120 平方米，大海视野	大床	GKO
8. 豪华套房，120 平方米，大海视野	双床	GDDO
9. 豪华套房，120 平方米，大海视野，VIP 楼层	大床	GKOV
10. 豪华套房，120 平方米，大海视野，VIP 楼层	双床	GDDOV

（三）市场渠道的划分

酒店市场渠道划分的方法有很多，比如可以根据酒店的位置、服务水平（全套或有限）和目标市场进行划分，但在大多数酒店中，客人通常可分为三个细分市场——即散客、团队和协议。因此，酒店应将特定的收入优化策略应用于这些细分市场渠道的临时房间、团队房间和按合同出售的房间。

1. 散客客房

散客可以简单地定义为那些不属于团体或合同销售的顾客。与散客客房容量控制相关的优化客房收入的策略，可以概括为客人到达酒店之前应用的策略和在客人到达酒店时应用的策略（即前台销售策略）。

（1）到达前策略

到达前策略指的是向潜在买家明确传达酒店各种客房类型的可用性，然后准确记录这些客人的购买情况。当使用的分销渠道数量很大时，还要考虑到房间数据的复杂性。

其次还要记录房间取消的信息。如果房间在出售时未从容量中删除，则酒店有重复销售同一间客房的风险。类似地，如果没有向酒店的分销渠道准确传达与可用房间和价格相关的信息，则可能会以错误的价格将错误的房间出售给错误的客人。出于这些原因，收益经理应努力确保及时更新其可售房和价格信息，并实时传达其更新信息。

维护实时容量的困难与某些分销渠道的预订系统无法与酒店使用的 CRS 或 PM 连接有关。如果每家连锁酒店都要求其特许经营商和公司运营的设施使用其独特研发和专有的管理系统（PM）时，这种信息的传递将简单很多，这也是很多加盟酒店都被要求使用统一的 PMS 管理系统的原因。

酒店可用客房数据与其分销渠道之间的连接程度极大地影响着酒店的收入管理策略。在很多情况下，分销渠道和酒店的 PMS 管理系统之间是没有接口的，即无法实现信息的实时共享。

像携程网一样的客房销售渠道在预订和取消预订时，通过 E-booking 系统向酒店预订和取消预订客房，酒店会及时收到 E-booking 的预订信息并做出回应，如果酒店未及时做出回应，携程工作人员会通过电话提醒酒店关注预订并做出回复。酒店会根据 E-booking 的信息在 PMS 和 CRS 系统里进行确认。虽然使用这种方式会导致容量控制的错误数量增大，但许多酒店仍在沿用着这种方法。其实，这些错误的信息很容易导致顾客的体验感降低，对酒店的收入甚至口碑造成影响。

随着互联网的发展，当分销渠道都可以通过互联网访问酒店的更新客房容量时，就可以实现单向连接。由于信息数据是从酒店的各种分销渠道流向酒店的 PMS 管理系统，这属于一种单向沟通。这种沟通的最大好处是消除了不及时且容易出错的数据输入情况；其缺点是，它要求酒店以每个分销渠道的预订系统都可以使用的形式提供房间容量水平。由于这些预订系统没有标准化，因此它们无法与酒店的 CRS 或 PMS 直接连接。结果是酒店必须至少管理和维护两个可用性容量，一个记录包含酒店预订管理系统更新的容量，另一个必须可供分销渠道预订实体使用。而且，酒店也会因为在全球范围内分发这些容量而产生大量的预订费用。

最好的情况是采用双向沟通模式。在这种方式下，酒店可以将预订管理和可用性系统中的数据进行实时传达。当任何酒店进行预订时，它会自行与自身的 CRS 或 PMS 进行检查，以确保房间可用性。预订时，界面会显示房间已经售出，酒店会立即将其从房间的可用容量中删除。只有这种方式才能为酒店提供实时容量管理支持。这种模式的另一个优势是，如果最初客户预订时要求的客房产品已售完，它可以向客户传达替代选项。为了使双向连接成为行业标准，第三方预订系统的持续改进以及酒店预订系统的升级都是必需的。

目前，与第三方网站安全漏洞相关的个人信息泄露问题推迟了双向接口的全面部署。在双向连接的情况下，电脑黑客可以访问酒店 PMS 中包含的所有客户信用卡和住宿信息。这导致了酒店信息技术（IT）经理在创建双向界面时要格外谨慎。在完全解决此类问题之前，收益经理必须尽其所能确保其房间容量可用情况快速、安全、充分地传达给所有中介机构或客户。

确定房间可供出售或禁止出售需要一个强大的到达前收入管理工具。酒店每天做出影响客房容量可用的决策次数可能相当多，比如，假设某家酒店有 8 种房型，且有 3 个渠道销售客房，那它将面临 24 种（8×3=24）价格变更。事实上，很多酒店的房间类型和渠道都会超过 10 种，因此关于房价和容量的决定及实时沟通是至关重要的，因为它们决定了酒店及其所有分销渠道所提供的客房产品的确切数量、类型和价格。

（2）前台销售策略

当客房已预订并因此从容量中删除时，酒店与客房容量相关的收入优化策略还没有结束。如果预订没有被取消或没有显示，客人最终会到达酒店。几乎在所有情况下，接待、登记和分配房间的责任都由前台员工承担。前台在客人到达时实施收入优化策略的能力将对酒店的每间可用客房收入产生巨大影响。

在前台的销售策略中，升级销售策略是前台员工在客人到达酒店后可以进行的最重要的酒店客房销售工作。

为了更好地解释前台不同销售策略的潜在影响，我们假设有 A 和 B 两家酒店，他们都有 150 间客房，都提供三种类型和价格的客房。最高价格的客房每晚每间售价为 159 元，中等价格的客房售价为 129 元，最低价格的客房售价为 99 元。假设在一个特定的晚上，有 110 位客人（没有预订）到达每家酒店。在 A 的酒店，出售给这些抵达客人的所有 110 个房间都是按照自上而下报价出售的，也就是说，抵达的客人都会在到达时被销售价格最高的房间。在 A 酒店，110 间客房中的每一间都是自下而上销售的，B 酒店则相反。表 4-6 显示了这两种备选销售方案中每种方案的经营结果。虽然每家酒店的售出客房数量和定价结构相同，但每间酒店的每间可销售房收入差异达到了 18.48%【（102.6−86.6 元）/86.6=18.48%）】。这个例子也最清楚地说明了为什么收入管理者如此重要。在这种情况下，A 酒店在不增加酒店客房价格的情况下实现了收入的显著增加。

表 4-6　酒店前台自上而下与自下而上销售策略的差异对比

可售房量	房价	A 酒店		B 酒店	
		自上而下的销售策略	收入	自下而上的销售策略	收入
50	159	50	7950	10	1590
50	129	50	6450	50	6450
150	99	10	990	50	4950
	合计	110	15390	110	12990
	入住率	73.33%		73.33%	
	平均房价		139.91		118.09
	RevPAR		102.60		86.60

实施有效的升级销售策略是在不增加容量中所提供的房间类型数量或房间价格的情况下提高瞬时每间可销售房收入的唯一最有效方法。几乎在所有情况下，只要酒店的平均每间可用房收入高于平均水平，都会进行大量的升级销售。

需要了解的是，升级销售不是一个旨在向客人出售他们不想要的东西的过程。相反，这是一个以客户为中心的流程，旨在以客户愿意支付的价格为客户提供他们想要的房间。一些人认为客人在预订时已经选择了他们最想要的客房产品，从而低估了升级销售的潜在影响。

第一个原因与用于向潜在客房购买者提供酒店容量选项的沟通方法有关。不同酒店的客户经理对其产品进行类型划分的原则各不相同。因此，在评估商务套房与普通客房的合意性时，买家可能会对这两种客房产品之间的确切差异感到困惑，这是可以理解的，因为这些差异在众多酒店品牌中不太可能是一致的。

例如，假设预订房间的客人在选择他或她喜欢的房间类型时，使用的是酒店分销渠道的服务。在这种情况下，用于区分可用房间类型的特征和便利设施时，信息很可能没有得到充分传达。

实施客人到达时的升级销售技术为酒店提供了与客人充分交流的机会，

前台服务员可充分了解客人的需求并推荐对应的酒店客房。如果需要的话，它还允许酒店传达对价格更高的房间其收费项目和收费标准会降低，给到达的客人带来更大的感知价值，同时仍有助于提高酒店的每间可销售房收入。例如，酒店客人可能预订了99元的标准房间，而不是199元的高级客房，其实客人希望支付高于99元低于199元的价格入住更好的客房，但在分销渠道的信息中并没有体现。然而，如果客人到达后有机会以149元的价格升级到高级客房，那么客人可能会感觉到巨大的价值并购买升级，因此，酒店将获得额外的50元收入。

实施精心设计的升级销售策略的第二个理由是与客房容量可售状态的正常波动有关。举例来说，假设一位度假客人在预订时表示更喜欢面向酒店游泳池区域的房间。在预订时，这类房间已售罄，因此客人预订了一个价格较低但没有泳池视野的房间。由于房间是连续出售和取消的，因此假设在客人到达时，确实有一间池景房（由于取消）可用。除非制定了有效的升级销售计划，否则，即使客人到达时可以购买该客房产品，该客人也不会有机会购买她最初喜欢的客房。结果将是客人带着遗憾入住，同时也降低了酒店的每间可销售房收入。

实施精心设计的升级销售工作的第三个理由与客人自身的变化有关。许多旅行者的到达和离开日期与他们最初预订的时间不同，他们的旅行情况也不同。旅行伙伴、旅行目的、所采用的购买公式以及他们的个人价值评估是在预订客房到入住客房之间可能发生变化的众多因素之一。当向到达的客人提供通常认为具有较高价值的客房产品选项时，他们有机会重新评估酒店向他们提供的质量、服务、价格建议。

2. 团队客房

酒店的收益经理还应善于管理与团队客房销售相关的客房容量。团队客房的容量管理与散客客房的容量管理不同，因为团队客房的销售方式是不同的。团体房间的销售有两步程序（有的酒店是分三步）。在第一步中，房间将被锁定，或从可用容量中删除，以供团队将来使用。在第二步中，团队成员选择房间（即单独预订）。

这两个步骤对房间容量可用性的影响应该是显而易见的。如果某个团队的房间被锁定，但最终未被该团队的成员入住，酒店可能会损失大量收入，尤其是在客房需求旺盛，但潜在买家因酒店没有客房可售而被拒绝预订情况下。因此，在为团队客房制定合同条款时，需要协商许多重要的问题，包括：有多少房间将被锁定？这些房间在出售给其他人之前将保留多长时间？以及什么样的处罚（如果有）？酒店需对团队施加压力。

即使已经知道要锁定的团队房间数量和适用于房间的截止日期，酒店也应该认识到，团队房间预订的有效管理通常受到以下几个重要因素的影响。

（1）团队预订历史

酒店管理系统 PMS 可以提供特定客人之前入住酒店的详细信息。以类似的方式，也可以提供某个团队以前的入住日期、房间偏好、已付房价和使用的付款形式等有价值的信息。

在某些情况下，团队将每年或隔几年在某家酒店开会。发生这种情况时，可以从酒店的 PMS 中检索有关该团队的信息。但是，在许多情况下，团队历史信息将不可用，因为团队以前的活动没有在同一家酒店举行。如果收益经理没有查到这些信息，他们可以尝试从其他酒店或集团的历史信息中获取。表 4-7 是过去三年中每年举办类似活动的某团体的历史信息示例。

表 4-7　某团队连续三年在某酒店的预订数量及实际使用率统计

时间	预订数量	实际抵达	使用率
三年前			
周三	100	85	85.0%
周四	150	130	86.7%
周五	200	171	85.5%
周六	200	166	83.0%
合计	650	552	84.9%
两年前			
周三	100	82	82.0%
周四	150	117	78.0%
周五	200	169	84.5%
周六	200	167	83.5%
合计	650	535	82.3%
一年前			
周三	100	81	81.0%
周四	125	115	92.0%
周五	175	171	97.7%
周六	175	162	92.6%
合计	575	529	92.0%

该团队去年锁定的房间比前两年少（去年 575 间，前两年 650 间）。仔细查看表 4-7 中包含的数据，可以很容易地看出，与无法访问此类信息的酒店相比，该酒店拥有该团队之前三年的预订规模、总入住率、夜间生产高峰和客房入住率的信息，这样就能够更好地管理该团队的订房数量。

收益管理经理应该知道，各种因素会影响团队在特定年份或事件节点的实际客房使用率。例如，团体在多个城市举行会议，则团体成员对团体会议所在城市的期望值可能会影响会议出席率，从而影响会议室的使用率。主办酒店、会议计划内容、当地景点和可使用的家庭活动等是可能影响酒店客房团队需求的其他因素。对这些因素的综合考虑也是酒店收入优化的重要内容。

（2）团队成员预期

团队客房买家提出他们需要的房间，然后团队成员最终从这些房间中选择自己喜欢的房间或者由团队组织者进行分配。事实上，管理团队房间的容量非常具有挑战性。因为在通常情况下，活动组织者会倾向于高估他们从酒店需要的房间数量。这些买家倾向于相信他们组织的活动非常具有吸引力，更多的团体成员将参加他们的活动。

除了过于乐观的客房使用率预测之外，团体组织者还可能会认为，如果没有足够的客房供其团体成员使用将非常令人不快，所以他们故意高估其预计的使用量。当然，在某些情况下，团体组织者对客房使用的估计也会出现过低的情况。他们这样做可以避免潜在的惩罚。这种低估往往会导致组织者在最后一刻要求增加房间数量。这些请求有时可能很难满足，甚至不可能满足，因为之前已经将其他客房销售给了散客或其他团队客人。

（3）团队的议价策略

在某些情况下，团队组织者要求的房间多少是其整体房价谈判策略的一部分。该策略基于这样一种假设，即酒店更倾向于向数量较大的客房买家提供较低的房价，而不是向数量较小的买家提供较低的房价。当团队组织者有这种认识的时候，他们可能会觉得扩大他们的潜在房间使用量会给他们带来更低的折扣。

在管理团队的房间容量时，截止日期可能与团队订房量多少一样重要。在大多数情况下，团体组织会寻求协商尽可能接近其活动日期的截止日期。然而，酒店通常会寻求更早的截止日期，因为这会增加他们向其他客户出售未预订房间的数量。即使在合同条款确定了截止日期之后，延长截止日期的请求也屡见不鲜。买家可能会直接提出要求，但酒店的销售和营销团队通常会提供支持，因为酒店的销售和营销团队会倾向于寻求与客户建立良好的长期合作关系。

3. 销售合同

除了与散客客房和团队客房相关的容量控制问题外，酒店在团队客房销售时还面临着合同和协商价格的挑战。比如有一个大型公司有相关的旅行需求，该公司总部位于 A 市，每月向 B 市发送大量过夜旅行者。为了最大限度地降低客房和旅行成本，该公司与 B 市的一家酒店协商，以商定的价格向其旅行员工提供客房。这种做法为这家公司带来的好处是，所有的旅行者都提前知道他们将住在哪里，以及他们将被收取怎样的费用。而这家酒店也获得了固定的客户群体，保证了收入来源。当然，酒店同时也面临着一些风险，因此在签署销售合同之前，收益经理需要考虑以下问题：

1. 必须每天为公司保留特定数量的房间吗？

2. 哪些类型的房间将按商定的价格提供？

3. 一年内是否有不履行合同条款的日期？

客房购买方自然会寻求将其合同条款延长至酒店的最后一个可用客房，而收益经理通常会寻求在入住率或预测达到预订阈值时关闭商定价格客房的条款。

酒店可能有几十（甚至数百）个单独协商的房价，以及大量合同。酒店收益管理者必须谨慎考虑对酒店房间容量管理的决策，要仔细衡量合同中所规定的房间类型、可售性要求、淡旺季房价的相关条款。如果在计算与这些协议相关的客房可销售数量时出现的错误，会使酒店面临着无法准确预测客房剩余可销售数量的风险，因此，销售合同和相关的房价管理是每个酒店收益经理工作的重要组成部分。

三、价格管理

（二）客房初始价格的设定

酒店的收益经理通过制定门市价格或挂牌价，即不向客人提供任何类型折扣时的价格，这个价格反映了酒店对自己产品的初始价值主张。在零售行业，此价格被视为商品的标价。所有其他价格，比如最佳可用房价（BAR）、会员折扣价、公司协议价等，都是根据门市价而设定的。

门市价的高低受到各种因素影响，主要包括外部因素和内部因素。

1. 外部因素

（1）市场供求变化

市场供求变化对酒店房价产生影响。酒店应随时根据市场供需状况，调整不同细分市场、不同季节的各种类型房价。客房的价格会随供求关系的变化不断调整，当供过于求时，酒店需要考虑降低价格；当供不应求时，酒店要考虑适当提高价格。

（2）季节差异

酒店受季节性影响很大。酒店对于房价一般要根据一年中销售季节的不同（淡季、平季和旺季）、同一销售季节中不同时段（节假日和平时）来制定不同的销售价格。酒店可以利用自己的产品销售具有季节性的特点，适当地给予顾客季节性的折扣，使其设施和服务即使在淡季仍然可以被充分地利用，从而提高酒店的总体经济效益。

（3）顾客消费能力

顾客消费是酒店收入的来源，每位顾客心中都存在价格门槛，酒店定价太高，超过顾客可承受范围，会减少其支付意愿；定价太低，又容易让酒店产生酒店服务质量不好的印象。客房价格应该在考虑不同群体的人均收入和消费水平的基础上，制定出顾客经济上和心理上都能接受的价格范围。

（4）竞争对手价格

酒店在制定客房价格时，竞争对手的价格是重要的参考依据。尤其是对于新开业的酒店，定价时要参照本区域同档次酒店的定价水平，一般情况要略低于同档次的其他酒店。但是也不能一味地采取降低价格的策略，一方面客人会将酒店房价看成是表明自己身份和地位的象征，另一方面，作为品牌酒店，客人可能已经对品牌有所期待，而过低的价格可能会降低酒店所提供服务的质量，进而影响品牌形象。

2. 内部因素

（1）酒店经营特色

酒店的特色之处是区别竞争者并获得竞争优势的关键。酒店的等级不同，价值等级不同，相应的客房产品的价格也要实行分等级定价，以使资源得到优化配置。酒店星级对各类价格都有显著影响，星级对于平日价格的影响大于对节假日价格的影响。可见，特色是酒店经营持续发展的突破口。

（2）酒店服务质量

美国酒店大王希尔顿说过：“酒店出售的产品，只有一个，就是服务。卖劣质服务的酒店就是劣质的酒店，卖好服务的酒店就是好酒店。”一般情况下，当酒店房价较高时，顾客往往会认为服务质量较好，反之，顾客会认为服务质量较差。服务质量的优劣直接影响到消费者对酒店的感知评价，是衡量整个酒店经营质量的重要指标，也是影响酒店定价的因素之一。

（3）酒店设施设备

完善的设施设备能够大大提高顾客对酒店的满意度。完善的设施设备包括所使用的物品、装修档次、面积大小、设施种类等等。这些都决定了酒店对于顾客的视觉感受，从而形成顾客内心的价值评价，进而影响客房价格。

（4）地理位置

酒店选址的好坏，不仅关系到市场开发能力的大小，顾客吸引力的大小，更重要的是对酒店投资回收效益以及长期经济效益的取得，具有战略性的影响。

（5）酒店安全管理

安全问题已经成为制约酒店行业可持续发展的关键。做好危机的预防并提高处理危机的能力对其有着重大意义，而做好安全管理对酒店安全事故的预防能起到关键作用。对于酒店客房定价的很多研究并未涉及安全管理的内容，本书将安全管理引入影响客房定价的因素中，既有助于增强酒店的危机预防意识，又突出了人本特点，更重视顾客的人身安全。

（6）酒店投资成本

酒店投资成本是进行客房定价时必须要考虑的最基本因素。根据国际酒店业的一般标准，五星级酒店的投资成本，平均到每间客房，在 16 万到 22 万美元，四星级酒店为 12 万到 15 万美元，而经济型酒店则是 1.2 万到 4.5 万美元。成本的增长给酒店运营带来巨大压力。在我国，星级酒店运营的共同特点就是投入较高但是回报却较低，这些酒店在市场定位上追求功能齐全、档次高级，以及规范化的服务，这样一来，其整体定位就会提高，从而导致成本居高不下。由此可见，投资成本的高低对房价的制定也会有影响。

无论采用何种具体方法来确定门市价，都应不断评估其适用性，并根据需要来进行修改。因为价格一方面是卖方提供的价值主张，是卖方认为它的房间价值多少或希望它的房间价值多少。但要实现房间的价值，还必须通过交易来达成。没有产生交易的商品是没有意义的。因此，酒店在制定价格时除了考虑自身的因素还要考虑顾客对于产品的认可度。

第二节　容量控制方法及运用

一、入住时长控制

收入最大化策略之一是通过管理产品的可售状态，从所有订单中选择收益最高的预订。入住时间越长，收益率越高。住宿时长控制的应用意味着酒店可以不以“先到先得”的方式提供客房，而是在客房供应中附加限制条件。

不符合这些条件的预订将被拒绝，即使酒店依然有空房可售。

（一）最短入住时长控制

入住时长控制的方法之一就是最短入住时长控制。在需求过剩期间，酒店可以将客房销售限制在那些同意入住最少天数的客人身上。如果酒店所在市场有一个多日的大型活动，比如展会、运动会等，这类活动往往会吸引连住 2 日以上的客人到店。如果这个时候，酒店已经提前将一些客房销售给了只住 1 晚的客人，酒店就会在活动期间无法最大化的保证满房状态。例如，城市马拉松比赛在某城市举行期间，会吸引数千人，根据活动对城市住宿业的影响历史分析，大多数本地游客至少需要两晚的住宿，而酒店也会最大限度地将客房提供给这些游客。同样，销售一周套餐的度假村可能对在高峰期接受入住时长较短的预订不感兴趣；提供长租服务的公寓对于入住时长较短的游客的预订也不会太感兴趣。这一策略的目标是通过接受基于停留模式预测产生更高收益的预订来实现收入最大化。

当然，这种策略的使用也有其劣势的一面，它可能导致高终身价值的客户可能会被拒绝。可参考如下策略解决这一问题，酒店工作人员应该接到这些客人的预订时，要能够及时提出申请，在得到授权后可以进行超越系统所设定的住宿控制。作为酒店的收益管理者要时常记录和跟踪被拒绝的预订，以确保策略不会被误用或产生反作用。如果数据显示最短时长控制导致收入损失，则要及时采取纠正措施。

（二）住宿连续性

有时，预测中会出现很多在前一天和后一天入住高峰而中间一天确是入住低峰的情况。通过实施鼓励顾客在低峰日之前到达或在低峰日之后退房的策略，不断提高低峰日的入住率。如果成功的话，这一策略将为酒店填补低峰日的客房并获得更多的收益。

不幸的是，提前到店和延住不一定适合顾客的旅行计划。旅行计划从预订交通开始，一旦航班或火车安排最终确定，不管酒店提供什么激励措施，大多数顾客不会一时兴起改变行程日期。

（三）关闭订房渠道

如果酒店认为在某一天接受更多的客人对酒店没有好处，可以选择关闭该天剩余客房的订房渠道。在这项措施实施后，将不再接收关闭日的预订。关闭一天的原因可能包括一个或多个贵宾的到来，他们有特殊的安全安排（政治人物、著名摇滚乐队、专业运动队等经常出现这种情况），或者翻新、深度清洁或重新装修酒店的地板或其他地方。如果给定的一天是入住率高和周转率高的一天（即，前一天晚上入住的所有或大部分房间都将离开，并且给定的一天中的所有或大部分入住都将来自新入住的客人），有人员限制的酒店可能会在某个时候决定不接受该天的更多预订。例如，假设拥有 350 间客房的 A 酒店预计在 5 月 15 日将有 335 次离店和 340 次抵达（40 名散客和 300 名团队顾客）。所有团队都需要一个室内设施，其中有六个不同的欢迎套餐，对应于他们参加的六个预订研讨会中的那一个。客人将以个人身份从世界各地抵达。由于酒店认为必须将其资源最大限度地用于管理 335 间客房的营业额和会议人员的抵达，因此决定关闭当天的其他活动，以接待更多新抵达的客人。该公司认为，最后十间客房需要应对团队客房的变化和未知散客的抵达，因此将所有系统显示相同的预订限制，并且没有任何预订代理将被授权有房间可预订。

这种策略应该谨慎使用。采用这种策略的风险很高。高收益预订（长期入住和全额付费的客人）或具有终身价值的客人可能会因为选择了“错误”的抵达日期而被拒绝。在上述情况下，酒店应找到更好的方式来应对运营挑战（例如为客房部和前台登记部门提供额外资源）。继续接受预订，甚至可能是超额预订和低风险低收益的步行抵达，并保留作为酒店最重要收入来源的预订，通常会更为有利。收益理者在有选择的时候需要有选择性。结束到达日期很少是实现收入最大化的最佳选择，尽管它有时是对异常情况的适当反应。

二、置换分析

对于城市商业市场中的大多数酒店而言，团队收入对整个酒店收入的贡献很大。管理层必须确定在任何给定时期内专门用于团队市场的房价以及为团队预留多少间客房，这种客房房量的市场组合将根据酒店战略确定。酒店的历史数据是每个细分市场的住宿和预订模式最好的决策信息来源。

团队业务的主要来源是旅行社、各种协会、会议策划公司、教育机构、政府等。有时，酒店需要这些客源来填补缺口或在低峰期提高入住率。有时，情况正好相反，当市场需求较高时，酒店更倾向于接收散客客人，因为他们为酒店带来的单房收益更高。收益经理和销售总监已认识到与团队关键客户保持良好工作关系的重要性，并深知团队业务不容忽视。如果一家酒店希望在总体需求疲软时从团队收入中获益，那么在总体需求强劲时也需要接纳团队客源。

酒店有时会拒绝能够并愿意支付更高房价的临时业务，以便以更低的价格将客房分配给团队。这一决策是否符合收入最大化战略？在适当的情况下，置换分析可以确定不同方案的量化效益从而帮助酒店做出决策。

置换分析并不总是合适的。如果一家酒店有未售出的客房，并且可靠的预测表明出售该时期房间的可能性很小，那么酒店很乐意接受任何类型的预订。在这种情况下，对团体预订进行置换分析是没有意义的。然而，当需求较高时，酒店需要对预订进行甄别，然后从潜在客户中进行选择。如果接受团体预订将导致拒绝其他业务（临时或其他团体），则应完成置换分析。在这种情况下，置换分析是一种有用且有效的工具，可帮助酒店确定接受哪种预订。

酒店可以使用 Excel 电子表格进行置换分析的计算。并对预订快速给出“是”或“否”的回答。但计算出的数值结果不应成为决策的唯一标准。尽管收益管理是一个数字驱动的过程，但它绝不能简单地简化为一个金钱数字的推导游戏。正是对数字和所有其他相关因素的解读分析，并获取酒店整体收益的最大化，才是收益管理策略的目的所在。

当管理层倾向于将客房给到支付较低房价的客户时，为什么有必要进行数字分析？以下是一些注意事项：

· 在计算客房收入时，还需要考虑其他可能产生的收入来源（餐饮、多功能厅等）。
· 团队客户是否会成为酒店常年忠诚客户可能是一个重要变量。
· 管理层需要了解不同订单或情况之间的盈利能力差异，以便有效地进行计划和预算。
· 市场份额、收入结构和其他战略目标的影响。

置换分析分为四个步骤：(1) 确定净房间收入差异；(2) 确定餐饮净收入差异；(3) 确定其他收入差异；(4) 总结。它比较了不同订单或情况之间的净收入差异。

为了计算净客房收入，需要确定可变成本并从房价中减去。在某些情况下，每次预订的应付费用（占客房收入的百分比和 / 或每次预订产生的费用）也必须从房价中扣除。其他相关费用可能包括根据特许协议应付的营销和特许权使用费的客房收入百分比。有些合同保证每次预订都有一个中央预订中心（CRO）费用。

下面是一个比较团体客房净收入和被置换客房净收入将产生净客房收入差异的案例。

某酒店有 400 间客房。三月份的平均房价为 142 元，客房可变成本为 17 元。这家酒店是某品牌的特许经营门店，特许人收取客房收入 4% 的特许权使用费和客房收入 3% 的营销费。当地大学商学院毕业生计划在该酒店举办毕业 10 年聚会。该团队要求在 3 月 6 日至 8 日的三天活动中提供单人间每晚 65 元、餐食（早餐 10 元、午餐 24 元、晚餐 32 元）和其他服务，具体如下：

表 4-8　3 天活动情况统计

日期	客房需求量	早餐用餐人数	午餐用餐人数	晚餐用餐人数	会议室收入
3 月 6 日	85	85	0	85	0
3 月 7 日	80	80	0	0	300
3 月 8 日	70	70	40	0	300
合计	235	235	40	85	600

校友会的组织者认为，70% 的小组成员每天会购买一种饮料。该酒店的收益经理希望在确认或拒绝该团队的请求之前进行置换分析。

相关日期酒店客房的预订预计情况如下：

表 4-9　3 月 6—8 日酒店客房预订预计情况

3 月 6 日	3 月 7 日	3 月 8 日
365	360	310

请注意，只有当该团队能够取代部分预测的客房需求时，该酒店才能接受该团队的预订。如果该团队在 3 月 6 日入住 85 间客房，将只剩下 315 间可供临时入住的客房，比预计的数量少 50 间；3 月 7 日的客房数量将比预测的散客需求少 40 间。初步比较显示，散客住宿费用为 26.94 元（17+142 × 7%=26.94），团队住宿费用为 21.55 元（17+（65 × 7%）=21.55）。

酒店的散客的用餐率（散客客人在酒店享用参事的百分比）以及 3 月份散客每餐期间的其他相关数据为：

表 4-10　散客用餐的相关数据

餐食	价格	食品成本率	食品成本	净收入	散客的用餐率
早餐	12	30%	3.60	8.40	70%
午餐	28	34%	9.52	18.48	20%
晚餐	40	32%	12.80	27.20	40%

团队用餐将以相同的食品价格计算，每个项目的折扣价格为：早餐 10 元，午餐 24 元，晚餐 32 元。

表 4-11　团队用餐的成本与价格

团队餐食	早餐	午餐	晚餐
价格	10	24	32
成本	3.60	9.52	12.80

团队客人和散客的饮料成本和价格相同。酒店散客的饮料购买率为 40%。平均饮料价格为 6.00 元，平均饮料成本为 29%，因此可变饮料成本为 1.74 元。

我们确定净客房收入差异如下：

表 4-12　净客房收入差异

团队		
客房占用数量	235	（85+70+60）
客房房价	65	
客房总收入	15275	
客房每间夜净收入	43.45	
客房净收入合计	10210.75	
被置换客房		
客房间夜数	90	（50+40）
客房平均房价	142	
客房收入	12780	
客房成本	26.94	
客房每间夜净收入	115.06	
净收入合计	10355.40	

客房收入分析表明，接受该团队将导致客房净收入减少 144.65 元（10355.4−10210.75=144.65）。

我们以相同的方式确定食品和饮料净收入差异，分别处理每个收入来源。这家酒店的团队和散客的饮料成本和价格没有什么不同。

表 4-13　饮料收入差异

饮料的平均价格	4.26
团队客房间夜数	235
团队的饮料购买率	70%
团队的饮料收入	700.77
被置换的间夜数	90
散客饮料购买率	40%
被置换的饮料收入	153.36

接受该团队将导致饮料收入增加 547.41 元（700.77−153.36=547.41）。关于食品，我们确定以下几点：

表 4-14 餐食方面的收入统计

团队	
早餐	235
价格	10
成本	3.6
早餐收益	1504
午餐	40
价格	24
成本	9.52
午餐收益	579.2
晚餐	85
价格	32
成本	12.8
午餐收益	1632
团队餐食总收益	3715.2

接受这一团队的预订会为酒店的餐食收入增加 3715.20 元至 1841.04 元，或从所有三餐中增加 1874.16 元。

餐饮合并净收入差额为 2421.51 元（1874.16+547.41=2421.51）。

第三步是确定有无其他收入。在这种情况下，该团队希望租用一个会议室两天，从而产生 600 元的其他总收入。

最后一步是总结结果。这样做可以揭示以下几点：

表 4-15 收入汇总统计

序号	项目	金额
1	净客房收入差异	−144.65
2	酒水收入差异	547.41
3	食品收入差异	1874.16
4	其他收入差异	600
5	合计总收入	2876.92

接受该团队的预订会使酒店的总收入增加 2876.92 元，这是净客房收入减

少和净食品、饮料和其他收入增加的综合结果。

该置换分析表明，接受该团队将增加酒店在所述日期内的盈利能力，尽管这将以牺牲一些散客的客房收入为代价。管理层可以选择接受该团队，或可以考虑其他潜在的选择，根据市场条件和酒店的战略目标。置换分析结果并不能给出最后的答案，但它们为管理层提供了做出明智决策所需的关键信息。

置换分析的计算可以通过在电子表格模板中安装公式实现自动化。此工具可以加快决策过程，并使比较不同价位的不同预订更容易。

思考与练习

一、简述题

1. 请简述酒店客房容量控制的实施前提。
2. 请简述酒店客房价格管理实施的意义。
3. 请简述酒店在使用入住时长控制时的 3 个方法。

二、案例分析题

请分析以下案例，并回答问题。

李华是拥有 200 间客房的酒店 A 的收益管理经理。酒店有五种不同的房型，李华知道酒店不能向预订了高房价客房的客人进行升级销售。然而，她认为可以通过向最初预订四种低价房型中的一种的客人进行升级销售来影响酒店的收入。李华为酒店前台创建并实施了一个全面的升级销售培训，培训成本合计 800 元。在该培训后实施升级销售策略后的第一周，李华发现酒店升级销售成功的比例为 10%（即 10 名客人中 1 名客人接受了客房升级）。请帮助李华完成酒店的客人预订 / 实际入住记录的摘要并回答以下问题。

表 4-16　客人预订 / 实际入住记录摘要

客房类型	门市价	预订的间夜数	预估收入	实际间夜数	实际收入
行政套房	2100	75		75	
豪华套房	1750	100		110	
高级套房	1550	125		140	
豪华客房	1100	250		275	

续表

客房类型	门市价	预订的间夜数	预估收入	实际间夜数	实际收入
高级客房	770	450		400	
间夜数合计		1000		1000	
总收入					
ADR					
RevPAR					

1. 如果所有到达的客人都被分配到他们最初预订的房间，即酒店没有实施升级销售，酒店的 ADR 会是多少？

2. 实施升级销售后，酒店实际实现的 ADR 是多少？

3. 如果所有到达的客人都被分配到他们最初预订的房间，即酒店没有实施升级销售，酒店的收入会是多少？

4. 实施升级销售后，酒店实际获得的收入是多少？

5. 李华实施升级销售策略后带来的收入增加量是多少？

6. 如果酒店继续实施升级销售策略，并且第一周的结果是以后 52 周的平均数值，酒店 52 周（即一年）的收入增长会是多少？

5

第五章 酒店客房预订渠道的管理

本章导读

对于酒店企业来说，无论是从市场营销还是收益管理的角度来看，销售渠道都是需要研究的主要课题之一，它对酒店产品和服务从企业向顾客的传递起着重要的作用。选择正确或合适的销售渠道，可以加强酒店与顾客之间的沟通，增加酒店与顾客之间的黏度，提高竞争力和市场占有率，降低销售成本并掌握市场情况，缩短产品到达顾客的时间，使产品价值尽快转化为收益，并对产品的推广起着重要的作用。通过本章学习，你将了解到销售渠道的种类、渠道管理与策略及渠道对提高收益的影响。

学习目标

1. 了解酒店客房直接预订渠道；
2. 了解酒店客房分销预订渠道；
3. 了解酒店销售渠道的成本计算方法；
4. 了解网络点评对于酒店运营的重要性；
5. 能够对网络点评进行分析与管理。

思维导图

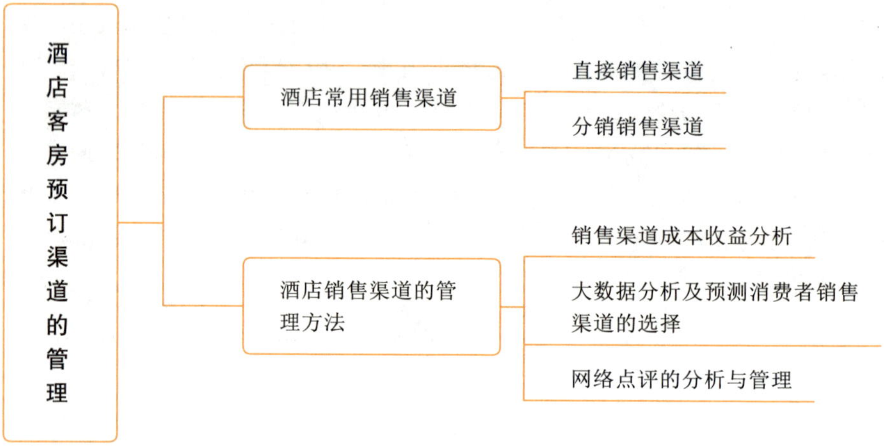

第一节　酒店常用销售渠道

酒店销售渠道是指将酒店产品或服务从酒店转移到顾客手中以获得该产品使用权的个人或组织。销售渠道是连接买卖双方的桥梁。它是消费者和生产者相互寻找并完成销售交易的一种方式。销售渠道也可以理解为传播企业和产品信息，进行交易，产生销量和销售收入的任何组织、个人和工具平台。如果没有合适的销售渠道，产品和服务都将脱离市场和顾客，这种信息的不对称将会导致顾客找不到合适的酒店，酒店也找不到合适的顾客。可见，销售渠道是多么重要，特别是在当前酒店业产能过剩、产品和服务同质化严重的情况下，市场竞争是白热化的。酒店方如今都非常重视渠道管理，优化渠道布局，和第三方合作，各取所需，达成共赢。

我们可以根据不同的标准对销售渠道进行分类。在本章中，我们按照销售渠道的所属关系将其划分为直接销售渠道和间接销售渠道，以便于大家理解、分析和应用。

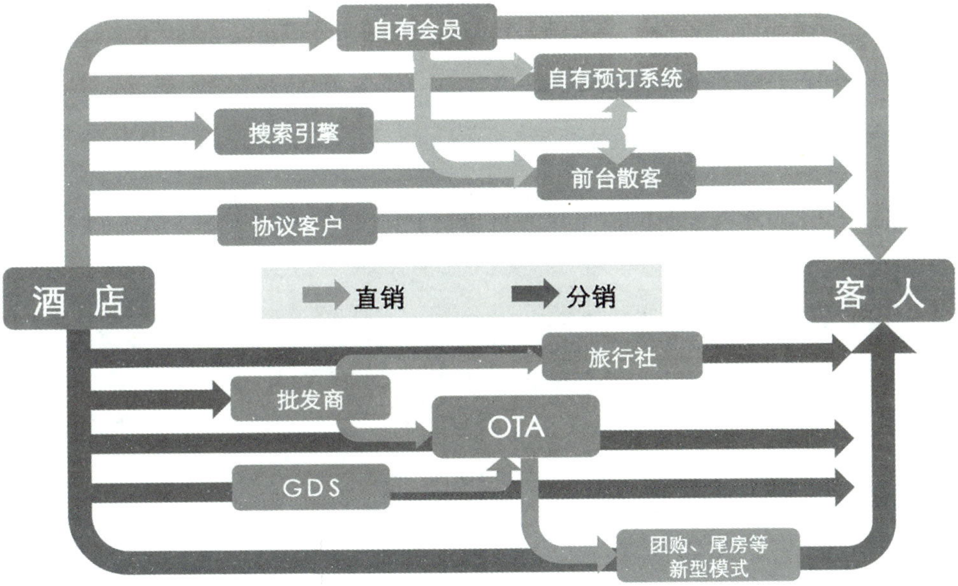

图 5-1　中国酒店行业销售渠道

（图片来源：艾瑞咨询）

一、直接销售渠道

直接销售渠道，又称零层次渠道，指的是酒店不通过任何中间商直接把产品和服务销售给最终用户，即“酒店—顾客”的模式。“两点之间直线最短。”这句话同样适用于直接销售策略。消费者通过电话、传真等方式向酒店预订客房，登录酒店官方网站预订客房，步入酒店购买客房（Walk-in），通过酒店官方微信公众号或 APP 预订客房，与酒店直接签订订房协议等情况都属于“直销”模式。只是在预订方式上存在线上与线下，传统与现代的区别。

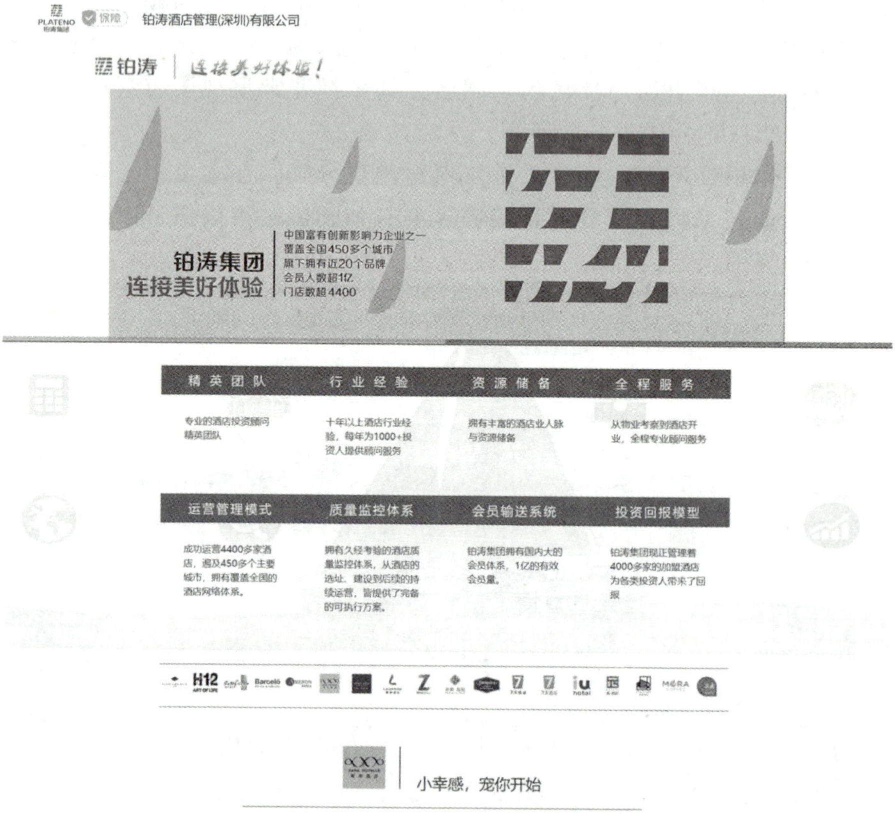

图 5-2　铂涛酒店官网页面

直接销售模式为酒店提供了许多优势。因为产品的整个生命周期——从制造到最终销售到最终顾客——都是在酒店内部完成的，所以团队之间要保持不断的沟通。此外，还有很多来自顾客的直接反馈，这有助于降低成本。

在产品的生命周期中，酒店调整营销策略越晚，营销成本就越高。在直接销售模式下，调整、更改销售流程也更简单。因为所有销售都是在酒店内部进行的，所以酒店可以更容易地与销售人员沟通销售情况和更新销售策略。

（一）自有线上渠道

1. 酒店官方网站

官方网站是酒店最早使用的电子商务平台窗口，代表着酒店集团、品牌。因此，它的功能和效率对酒店的市场声誉很重要。随着科技的发展，酒店官方网站也在不断地创新和发展，很多酒店的网站设计转换成用户友好的自定义网站，从而有效地将酒店的业务需求转换成一个功能良好的网站。一般都嵌入有中央预订系统 CRS，可以快速便捷地实现网上直接订房，顾客的订单经预订部门审核后会被直接传送至酒店 PMS 中，由前台人员根据顾客的预订要求进行派房。由于酒店官方网站能有效地实现顾客的直接预订且没有佣金支出，一直以来受到酒店的普遍重视。而且酒店致力于调整和优化官方网站的配置，以便可以更好地管理网页，保持其运行完美。许多酒店都在积极开发能为顾客提供良好体验的官方网站，不仅可以为顾客提供简单便捷的产品预订，而且还可以通过注册使顾客无须支付任何费用便成为酒店会员，体验在网上更改或取消订单、查询订单情况、查看历史订单记录、查询积分、兑换奖品和发表客评意见等，并通过线上预订、支付和线下体验，实现 O2O 全方位的电子商务服务模式。

2. 手机客户端

移动互联网时代的来临，使智能手机进入繁荣期。手机客户端（手机 APP）也由此被大众所熟悉和应用，为大众的生活和工作带来了便利。截至 2020 年 12 月，国内 5G 手机占整体手机出货量的 68.4%。当前，智能手机客户端使得整个酒店产品可以被放入顾客的购物车中，手机客户端通过软件技术把酒店的产品和服务安装在顾客的手机上，为酒店开辟了全新的营销模式和推广手段，因此成为酒店市场营销中主要的直接销售渠道之一。在酒店客户中，智能手机使用者比例较高，并愿意在使用

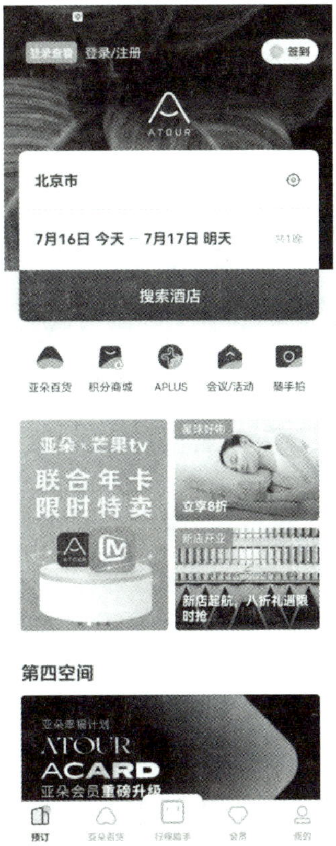

图 5-3 亚朵酒店 APP 首页界面

手机查询资料上花费更多的时间。

手机客户端作为直接销售渠道，其意义在于：一是建立有效的直销模式。智能手机客户端具有“上网”和“通话”双重功能。通过抢占商机，超越竞争对手，争取更多的商业机会，实现跨平台渠道传播，增强酒店品牌传播速度和效率，达到宣传和顾客购买产品和服务的目的。二是提升客户满意度和忠诚度。酒店可以利用手机智能终端建立和客户的直接联系，并根据移动互联网的“社交特性”获取客户的偏好和消费习惯，采取更具针对性、更加个性化的方式，这将有助于提升客户的满意度和忠诚度，为酒店创造更多的盈利机会。同时还可以对客户资源进行移动化管理，全面监管客户的动态信息，进而深挖客户价值。三是为客户带来超强的线上体验，提升客户的活跃度和参与性。通过手机移动终端，酒店可以通过各种应用与客户互动，人性化程度高并且操作简单，对作为直销渠道开展营销服务非常适合。四是便于管理库存房量和精准化营销。智能手机客户端正在帮助酒店推动酒店当天的短期预订。有很多“最后一分钟”商旅客户通过该软件搜索就近酒店是否有空房并进行预订。手机客户端可缩短交易环节，清晰化营销效果，实现获得更多有效商机的营销目标。五是宣传效果好。以用户为核心，重视用户体验，通过定制移动化服务可以满足不同价值客户的个性化需求。同时，手机客户端也存在需要下载安装、增加用户（或粉丝）周期长、更新维护成本高等缺点。

图 5-4　锦江国际酒店公众号界面

3. 新媒体营销渠道

随着移动互联网技术的迅速发展和智能手机市场的繁荣，“新媒体营销”的概念应运而生。新媒体营销是基于营销策略的转型，注重每一个细节的呈现，是传统营销与现代网络营销的结合体。微博、微信、短视频、直播等已成为实现新媒体营销的有效工具和方法。新媒体营销是一种低成本、高性价比的营销手段，是互联网经济时代诞生的一种新型营销模式，其特点是打破酒店与顾客之间的距离限制，充分实现酒店与顾客之间的在线远程互动。

（1）微信小程序

随着智能手机、平板电脑的普及，人们获取信息的方式愈加广泛和便利，在此基础上，很多大型酒店纷纷推出微信小程序，通过此平台来推广自己的产品，从而实现点对点的营销。微信小程序营销的优势在于一对一的互动交流方式，形成良好的互动性和信息推送的精准性。

（2）酒店公众号

公众号不仅可以展示酒店形象、服务，给顾客留下好的印象，也是整个直销模式的最重要通道。因此，酒店公众号的定位要从顾客动机及顾客利益角度出发，建立一个能够为顾客提供相关资讯内容、功能服务、促销信息等服务的预订平台。现在很多单体酒店、连锁酒店等都已经开通了公众号直接预订，积极开展网络营销。

（3）社交媒体

社交平台不但能够满足顾客实时的社交需求，还可以在产品中添加更多差异化、个性化的功能，以此提高用户留存率，形成产品的核心竞争功能和优势。例如抖音短视频社区，与传统的网络社交相比，短视频社交用户可以传递更多的信息，如入住体验、面部表情等，不仅提高了信息传递的丰富性，而且具有更强的沉浸感和视觉刺激。此外，视频社交独特的高同步性和强互动性也将助力酒店行业扩大受众规模。再如微博社区，微博的出现给酒店带来了一种新的直接营销模式，许多酒店也纷纷开通微博，以发展潜在客户和激励老用户，成为酒店与顾客之间的一个良好的沟通纽带，也有利于酒店的宣传和推广。由此看出，社交媒体营销在移动互联网快速发展的今天，将以其低成本和高性价比的特点成为酒店主要的直销渠道之一。

（二）预订部

全服务酒店一般设有独立预订部（Reservation Department），其主要职能是接受顾客对酒店产品购买前的预订和确认，并负责与顾客的沟通，处理确认、取消或没有按预订抵达入住的（No-Show）顾客的订单，在顾客与前台的接待中起着桥梁纽带作用。预订部与销售部人员的区别在于不会亲自上门与顾客面对面地沟通，主要是通过网络、电子邮件、电话、传真等方式来处理顾客的预订和订单，并负责建立和管理顾客的预订档案。预订部门面对的顾客群体主要是商旅散客，如个人电话订房、在线旅游分销商或中央预订系统等。大多数预订部一般隶属于前厅部管理，主要是为了便于与前台人员的沟通和协作。

经济型或单体酒店多在前台设立预订处，有些单体酒店以散客作为客流主力，通常设在火车站附近人潮较密集的地方。预订部或前台工作人员往往直接影响顾客对酒店的第一印象，因此，要加强对预订部及前台接待的培训和管理，包括了解酒店产品及周边环境、将常见咨询问题编辑成手册、个性化对客营销等，否则极易造成顾客体验不佳，甚至客户资源的浪费。

在设有收益管理部门的全服务酒店中，预订部的职能隶属于收益管理部门，除设有预订岗位外，还设有收益经理等岗位，主要是便于加强与价格部门的协作，对提高酒店产品的收益有着现实的意义。

（三）销售部

长期以来，销售部（Sales Department）是酒店最主要的直销渠道，也是最传统的销售方式。其主要职能是出售酒店的各类产品，如客房、餐饮、康乐及其附属产品等。出售的方式是通过销售人员上门拜访，与顾客面对面地沟通，最终建立合同关系。全服务酒店一般设有独立的销售部门并配备有专门的销售人员，销售人员的数量依酒店的奢华程度或客房体量而定。销售部面对的顾客群体取决于酒店的类型，主要有商务型、会展型、度假型等。经济型酒店或单体酒店为了简化管理职能、节省成本，可不设立销售部门，而是在前厅部或客房部设立专职销售人员，实行统一管理。因此，协议客户的管理和维护，不仅能为酒店带来可观的收益，更极大地提高了顾客的满意度和忠诚度。

许多大型酒店管理公司都有会员计划，该计划利用酒店的会员管理系统为酒店提供基于云 PMS 的直销平台，提供包括酒店官网、微信订房、手机客户端、短信营销等直销工具。同时数字营销渠道正在迅速发展，学会如何使用这些渠道来有效地营销其产品或服务，是新时代酒店业态面临的新机遇与新挑战。另外，要吸引顾客的注意力变得越来越困难，因为顾客越来越被竞争性广告所淹没。例如，酒店可能需要分析新形势下的顾客行为，或使用网站热图来了解有关顾客旅程的更多信息。

酒店直销渠道有其明显优势，但是由于技术、资金的限制，并不是每家酒店都能做到，因此酒店要掌握好直销与分销的比例，利润最大化是关键。酒店直销系统不单单是工具（软件），而是人与软件的结合，只有先解决了人的问题，软件才能发挥更好的作用，帮助酒店快速顺利地构建自己的流量池。

二、分销销售渠道

除直接销售渠道外，酒店还应积极利用间接渠道。由于酒店的资源有限，或者因为酒店自己做某些营销推广性价比不高，酒店通常还会利用第三方提供的销售渠道，这些销售渠道称为分销销售渠道。酒店常见的分销渠道有四种，即 OTA、GDS、旅行社和 CRS 等。

（一）OTA

在线旅行社 OTA（Online Travel Agency），其核心模式是产业链中游环节，为下游顾客提供一站式优质产品及服务和全方位的旅行分销或代理服务，盈利模式主要来自代理佣金和增值服务。比较典型的有 Priceline、TripAdvisor、Expedia、携程、同程旅行等，都是国内外知名的在线旅游分销商。

表 5-1　国内外知名 OTA 对比

名称	商业模式	旗下品牌
Priceline（美国）	客户反向定价，在线旅游 C2B 模式开创者	booking.com、agoda.com、priceline.com、rentalcars.com、Kayak.com
TripAdvisor（美国）	全球最受欢迎的旅游社区和旅游评论网站，以打造社区为中心	TripAdvisor、Airfarewatchdog、BookingBuddy、Cruise Critic、Family Vacation Critic、FlipKey、Holiday Lettings、Holiday Watchdog、Independent Traveler、OneTime、SeatGuru、SmarterTravel、Tingo、SniqueAway、Travel Library、TravelPod、VirtualTourist 和 Kuxun.cn
Expedia（美国）	代理＋批发商模式为主，业务庞杂，品牌多元化	Expedia.com，Hotels.com，Hotwire.com，Expedia Affiliate Network，Classic Vacations，Expedia Local Expert，Egencia，Expedia CruiseShipCenters，eLong 和 Venere 等品牌
携程（中国）	OTA（在线旅游）＋传统旅游，转型“拇指”＋“水泥”产品移动端预订 APP 打造、旅游信息移动端展示、开放平台合作等，旅游大数据应用研究方面开始全面转型	携程、去哪儿、Skyscanner、Trip.com 和鸿鹄逸游
同程旅行（中国）	整合双方大交通、酒店等优势资源，采用 O2O 的商业模式	涵盖美程酒管、艺龙酒管、珀林酒管、安程酒管、良程酒管、爱电竞酒管、日本艺丽酒管，形成了多元化的酒管品牌矩阵

OTA能有效地弥补酒店自身营销影响力的不足。OTA拥有众多忠实客户和丰富全面的旅游系列产品资源，并经常性开展有针对性的市场营销活动，它们的传播范围和传播能力是单体酒店甚至大型酒店集团都不可比拟的。OTA还拥有强大的顾客数据库，能进行精准的数据分析并有针对性地投放有效广告内容。此外，OTA不仅跟众多酒店合作，还和其他旅游产品服务供应商合作，如航空公司、汽车出租公司、豪华游轮、旅游景点、文艺、体育和娱乐公司等，在同一个平台出售全线旅游产品和服务，如酒店的客房、往返的飞机票、在目的地租用的汽车、目的地的游览景点以及文艺、体育和娱乐项目的门票等。客人就像到餐厅点菜一样，仅在OTA的网站上就可以选购所需的产品和服务，一次付费，不必到各供应商的网站逐项单独购买，快捷方便。所以，这些提供“一站式”服务的OTA网站得到越来越多旅游者的喜爱。目前，国内的线上酒店行业平台主要分为三个阵营：携程系、美团系、飞猪系。如何才能跟OTA携手合作共赢是酒店面临的一大问题。

此外，还有一种介于OTA平台和酒店之间的第三方酒店代理商。通过与酒店合作拿到一个较低的价格，再通过加价等方式在OTA平台上售卖以赚取差价。因为代理商会在多平台多渠道同步上架酒店的房源信息，所以会显著地提升酒店的入住率。靠着这些大平台的支撑，代理商们和酒店就有了源源不断的客源。这种酒店代理商也是OTA平台所支持的，因为能帮助平台拿到更多的酒店房源，也是平台的代理商。在各大OTA平台竞争激烈的同时，平台对代理商的需求是极其强烈的，而这类代理行业又是刚刚起步，现有的代理商根本不足以满足这个庞大的市场。

（二）GDS

全球分销系统GDS（Global Distribution System），作为应用于旅游业的大型计算机信息服务平台的分销系统，专门为国际航空、旅游、酒店产品的预订和销售提供服务。其功能是通过在全球设立的旅游销售机构可以及时地从航空公司、酒店、租车公司、旅行社获取大量与旅游相关的信息，从而为顾客提供快捷、便利、可靠的服务。例如旅行社、酒店可通过获得GDS产品的分销权接入GDS终端，顾客便可以通过GDS平台直接预订和购买旅行社或酒店的旅游产品。

目前世界上有四大全球分销系统：阿美达斯（AMADEUS）、伽利略（GALILEO）、塞伯（SABRE），以及渥尔得斯班（WORLDSPAN），它们至今仍在旅游业中发挥着重要作用。但是随着互联网的迅猛发展，网络服务器服务收费和计算机软硬件的价格在不断下降，使得很多航空公司在自家的网站上接受预订，可以减少使用GDS预订时所需要缴纳的交易费。与此同时，越来越多的酒店也建立了自己的网站，并鼓励顾客、旅行社直接到自家的网站上订房，努力提高交易量。这些措施无疑使全球分销系统的业务量日益减少。

除了来自互联网的竞争外，GDS 还面临着来自内部的挑战，主要是 GDS 系统的维护和升级换代十分昂贵，必须进行技术革新。因此，上述四大公司近年来不同程度地开发和使用新技术，改进系统的架构和软件，以提供更廉价、更方便和更能提高点击预订率的系统。此外，一些 GDS 还建立了自己的网站，直接面向消费者，使消费者直接可以在这些网站上预订。如渥尔得斯班（WORLDSPAN）支持的 Expedia（亿客行，在线旅游公司，其业务量约占全球在线旅游市场的三分之一）和 Priceline（美国最大的在线旅游公司，Booking.com 的前身）。这些网站的数据来自 GDS 系统，数据处理得到 GDS 的支持，但是比 GDS 本身更加快捷，用户界面更为友好，因此获得了较好的市场份额。这就使得开发 GDS 支持的网络营销网站好像成了 GDS 发展的一个新方向。

在中国酒店业，由于 GDS 在销售酒店产品中收取的服务费较为昂贵，多应用于国际知名酒店集团和大型国内酒店集团，在中小型连锁酒店或单体酒店中使用得较少。GDS 凭借多年的科技能力和市场资源积蓄也必将顺应时代潮流，与移动互联网、大数据或云技术互融共进，未来仍将是航空、酒店和旅行社等旅游服务企业销售产品的重要渠道。

（三）旅行社

世界旅游组织对旅行社给出的定义为“零售代理机构向公众提供关于可能的旅行、居住和相关服务，包括服务酬金和条件的信息。旅行组织者或制作批发商或批发商在旅游需求提出前，以组织交通运输，预订不同的住宿和提出所有其他服务为旅行和旅居做准备”的行业机构。我国《旅行社管理条例》中指出：旅行社是指以营利为目的，从事旅游业务的企业。其中旅游业务是指为旅游者代办出境、入境和签证手续，招徕、接待旅游者，为旅游者安排食宿等有偿服务的经营活动。旅行社从资质上划分为国际旅行社和国内旅行社两类，国际旅行社又分为有出境权旅行社和无出境权旅行社两种；从业务上划分为组团社和地接社，组团社是指在出发地并与客人签订旅游合同的旅行社，地接社是指在旅游目的地接待组团社游客并组织旅游的旅行社。

对酒店而言，旅行社始终扮演着中间商的重要角色，是酒店重要的团队客人来源渠道。传统旅行社可细分为中旅、国旅、青旅、康辉、广之旅、凯撒、众信等。由于旅行社的盈利模式之一是从酒店获得较低的客房价格后，以较高的价格再转卖给顾客，从中获得房差收入，从某种意义上讲，旅行社对酒店的利益存在着一定程度的侵蚀；而且旅行团客人的出行季节性较强，淡旺季明显，在旅游市场淡季期容易导致酒店客房的闲置；此外，旅行社与酒店之间的结算周期一般较长，短的一周或数周，长的一个月或数月，容易造成对酒店账款的拖欠或坏账，给酒店带来经济损失。当然，旅行社作为中间商也有其自身优势，主要体现在：一是能够批量购买酒店的客房、餐饮或娱乐等产品，减少酒店客房的空置率和增加酒店的附加产品收入；二是面向国际市场，为酒店带来外宾客源，提高酒店在全球的品牌知名度；三是可以向酒店提供市场信息，便于酒店掌握市场动态，了解市场中顾客的需求情况；四是客房的预订一般较早，便于酒店及早制定营销策略；五是协作关系相对稳定。一般来讲，长期合作关系的旅行社每年会给酒店带来稳定持续的客源。但旅行社也存在着一些缺点：旅行社一般要求酒店给予优惠幅度较大的团队折扣价格；受到在线旅游分销商的挑战。尽管如此，传统旅行社有其线下旅游服务的不可替代性，仍将是酒店获得团队客源的重要渠道。同时酒店需要借力当地旅游资源和对市场的了解和预测，对旅行社进行合理定价，这一渠道仍对酒店产品的批量销售将长期起着重要的作用。

（四）CRS

连锁酒店集团的盈利模式之一是预订分销，是在酒店管理集团总部构建一个中央预订系统 CRS（Central Reservation System），上端连接旅行社、协议公司、订房中心等各类渠道，下端连接旗下自有的、管理的、特许加盟的各成员酒店，为各酒店源源不断地输送优质客源，并收取订房佣金而获利。

主要模块有：一是支持预订；二是商品中心和价格计划中心，即价格的一些预订、取消、价格库存等规则的配置及具体酒店房型的关联；三是渠道管理，即对于直销、分销渠道的对接，酒店通过此系统可以完成多渠道对接，方便对价格库存和订单的管理；四是通过 CRS 附属的客户关系管理模块（CRM-Customer Relationship Management System），跟踪和分析每个会员在各家酒店的消费，并按会员消费总额的一定比例向酒店收取费用，进而用于集团会员积分消费、兑换等会员计划运作资金。此外，通过 CRS 能够实现集团总部与下属酒店的双向对接，并与主流渠道进行“电子分销[①]”合作，开拓和大力发展长尾渠道、社区渠道等非传统分销渠道，实现真正的“自动化分销[②]”等。

① 借助于互联网等电子手段的分销，这种分销模式虽然大大优于传统的客户经理模式的人工分销，但仍旧免不了很多人工操作，例如协议管理、佣金支付等。所以，当分销规模扩大时，酒店集团的人员编制也要相应扩充。

② 完全是自动化的，基本无须酒店集团方的人工参与，分销规模扩大时，无须显著增加人手，即分销规模扩充的边际成本趋向于零。

（五）新模式：团购、尾房、惠选、反向竞拍等

1. 飞猪：为商家赋能，在线旅游生态 OTM

在线旅游生态 OTM（Online Travel Marketplace），通过搭建开放平台系统，依靠强大的技术支持、精准的客户数据分析提供精准的定制应用，为航司、酒店等入驻商家赋能，最终实现商家产品服务与个人消费、金融支付、信用体系等一起构筑完整的在线旅游生态。其盈利模式一端是各大商家都入驻该商城进行贸易（B 端），另一端是客户在该线上商城购物（C 端）。而平台就通过收取租金、交易服务费、大数据分析服务费等来向 B 端获取收益，但向 C 端提供“免费”服务。交易越活跃，平台收入就越多。

飞猪的 OTM 是阿里公司在旅游行业的一次 S2B 商业模式的实践。S2B（Supply Chain Platform To Business）服务于企业的供应链平台，通过 S 端的网络协同和商业智能实现对 B 端赋能，帮助 B 端合作伙伴在客户服务和营销方面提供场景化的支持，同时降低运营成本。飞猪带着互联网企业强有力的基因，借助阿里巴巴公司的旅游生态，实现 OTM 对入驻商家（航司、酒店等）的赋能。

对酒店商家，飞猪推出“未来酒店 2.0”，打造全场景信用消费。不仅包含此前 1.0 时代应用的“信用住”，即芝麻分达到 600 分的用户先入住后付款，无须担保零押金，离店时也无须排队，只需将门卡放到前台，系统会自动从用户的支付宝账户里扣除房费。飞猪在“未来酒店 2.0”中推出了“在线 VR 选房、自助 Ci（Check-in）、智能门锁及提前在线预约水单发票”四大服务，同时向平台商家推出了智慧酒店云，该模块包括消费者信用体系、行情预测、支付结算、酒店营销、收益管理等，方便商家选择及管理。

2. 美团：综合生活服务 O2O，跨界切入酒旅业务

美团凭借团购起家，转型 O2O 全场景延伸。离线商务模式 O2O 模式（Online to Offline）是指线上营销、线上购买或预订线下的商品及服务，实现线上揽客聚集流量。O2O 服务包括团购、外卖、酒店旅游、出行等诸多领域，整体的全场景化和相互联系日渐紧密。美团点评已形成新到店事业群、大零售事业群、酒店旅行事业群、出行事业部四大业务管理板块。美团和大众点评合并后，团购行业开始向 O2O 概念转型，“去团购化”趋势日益明显。

美团点评的酒店及旅游业务主要通过美团和美团旅行的 APP 为载体，总体服务上与传统 OTA 的“机票 + 酒店”以及旅游产品预订服务相似。美团利用流量优势打造 OTA 平台，在 2016 年下半年凭借低端团购酒店的优势和高端酒店品牌相结合打入了线上 OTA 市场，并将酒店产品由中低端逐渐扩展到

其他品类。在竞争模式上，携程更加倾向于佣金模式，通过连接高品质产品和购买力强的中高端人群掌控定价权；而美团更倾向于平台模式，力图将前期积累的流量优势和点评社交模式扩展到酒店和旅游业务。在目前携程已成为行业内绝对霸主的情况下，美团旅行所采取的策略较为灵活，首先力求在携程统治的 OTA 行业中生存并站稳脚跟，并通过如低价策略、高端策略，集聚闲散资源、丰富产品呈现形式和接入渠道等方式逐步寻求扩大市场占有率。同时，美团用自身优势的团购为核心，切入三、四线增量市场，集聚 OTA 竞争当中的闲散势力，快速增强自身实力，在行业内立住脚跟。

美团与 Booking 旗下 Agoda.com 进行合作，共享酒店库存，丰富酒店资源，加码高星酒店。美团的酒店战略为初始时不在传统的 OTA 市场饱和资源中挣扎，而是以团购优势带动低端酒店、切入较少争夺的高端酒店双管齐下，迎合青年群体消费习惯和随着消费升级崛起的休闲度假趋势；同时公司通过自有民宿品牌“榛果民宿”进军民宿领域，提前布局酒店领域下一个风口。与其他 OTA 相比，美团旅行在扩张模式上采取“二、三、四线托底 + 打通高星酒店”的“三明治”产品模式，一方面抢夺竞争尚不激烈的市场份额，另一方面，也符合高端消费和中低端消费双重需求。另外，在 OTA 市场竞争中，美团以自身较为熟悉的酒店住宿类产品为切入口，充分发挥对接酒店商家的资源和经验优势。

表 5–2 酒店行业销售渠道价值

渠道划分	渠道细分	对酒店的价值	对客人的价值
直销	自有预订系统	酒店对渠道的控制更强、成本降低，可直接了解用户的消费行为	方便查找和获得目标酒店的信息，实现提前预订
	前台散客	带来额外收入的用户群体，但用户随机性较强，酒店对用户的可控性差	—
	协议客户	带来大量、稳定的客源，但客单价比较低，维护成本高	—
	自有会员	有利于酒店沉淀下稳定、忠诚的用户群体，客单价相对较高，酒店可直接了解用户消费行为	获得相对较低的会员价，并且能享受到酒店提供的会员专享服务
分销	OTA	利用网络优势为酒店分销，帮助酒店（特别是新开业和二、三线城市酒店）实现快速的跨地域销售，为酒店输送稳定、客单价高的用户群体；但该渠道成本较高，酒店的议价能力低	便于随时查询不同酒店的信息、对比价格、参考酒店点评内容，提供专业的服务，对自行预订用户具有较高价值

续表

渠道划分	渠道细分	对酒店的价值	对客人的价值
分销	GDS	帮助酒店与全球40万家旅行社和订房机构连接，将自身的产品和服务进行全球范围的分销；对一线城市的高星级酒店价值更大	—
分销	旅行社	形成稳定的客源数量，但季节性影响大，客单价低	—
	团购、尾房等新模式	帮助酒店消化剩余客房，提高出租率；不过酒店获得的利润较低，客源不稳定，是一种补充性渠道	获得折扣房价，不过在入住时间和服务上受限制

（资料来源：艾瑞咨询）

由此可见，如果要实现收益最大化，对连锁酒店而言，应主要致力于搭建会员体系、发展直销业务。国内酒店龙头中，华住酒店和首旅如家酒店的直销占比分别达到87%、80%，自身会员体系已经建立完成，对OTA的依赖度减少。单体酒店相对于连锁酒店更依赖分销渠道。最后，要防止自己的客源流向分销渠道，同时尽量把所有酒店的客源，包括从分销渠道来的客源变成直销客源。

第二节　酒店销售渠道的管理方法

一、销售渠道成本收益分析

销售渠道的选择和管理，与其他营销活动一样，要从最终消费者出发，了解其需求特性，以便能更好地提供酒店的产品和服务，满足其个性化的需求。只是在这里我们所关心的是消费者是如何购买、使用酒店产品和服务，而不是需求何种产品和服务。

销售渠道不仅是产品的流通管道，更重要的是产品在流通中会实现价值增值。因此，销售渠道可以看作是又一条“产品线”，只是该“产品线”生产的不是产品本身，而是为产品如何销售并提供相应的服务。在渠道管理中，直接渠道和间接渠道要参与不同渠道流程，承担各种渠道职能，为酒店产品提供增值服务，以满足目标市场消费者的特定需求。这类由渠道创造的，连同酒店产品一起被消费者所消费的增值服务称为渠道的成本。渠道专家巴克林（Bucklin）认为，渠道存在的主要目的就是要降低最终消费者找寻产品、等待产品的时间，节约产品存储成本以及其他成本消费。渠道管理给最终消费者带来的最终消费，就是渠道产出的收益。

（一）成本收益分析方法

成本收益分析是指以货币单位为基础对投入与产出进行估算和衡量的方法。它是一种预先做出的计划方案。在市场条件下，任何一家酒店在进行运营时，都要考虑具体运营和决策行为在经济价值上的得失，以便对投入与产出关系有一个尽可能科学的估计。

成本收益分析方法是一种量入为出的经济理念，它要求对未来行动有预期目标，并对预期目标的概率有所把握。经济学的成本收益分析方法是一个普遍的方法。成本收益分析方法的前提是追求收益的最大化。酒店作为从事经济活动的主体，从追求利润最大化出发，总要力图用最小的成本获取最大的收益。在经济活动中，人们之所以要进行成本收益分析，就是要以最少的投入获得最大的收益。

成本收益分析的三种主要方法：

1. 净现值法（NPV）；

2. 现值指数法；

3. 内含报酬率法。

这三种方法各有各的特点，具有不同的适用性。一般而言，如果投资项目是不可分割的，则应采用净现值法；如果投资项目是可分割的，则应采用现值指数法，优先采用现值指数高的项目；如果投资项目的收益可以用于再投资时，则可采用内含报酬率法。

每个项目和决策都有一个支出和收入清单。成本收益分析基本上是财经领域广泛使用的一种决策工具，适用于许多行业项目，如 IT、软件开发、教育、医疗保健等。一般来说，跟踪成本收益分析步骤的主要目的是计算收益与成本的比率。简单地说，进行成本收益分析是为了确定一个项目是否可以顺利进行，为企业和组织带来利润。

（二）成本收益分析步骤

当酒店在做渠道选择的决定时，比如采用一个新的渠道或扩大现有的渠道比例，列举所有参数是很重要的。下面是执行成本收益分析时可以使用的基本步骤：

（1）构建结构：分析变更的当前状态，并清楚地确定所有需求。

（2）确定受众：确定谁（顾客）将受到变更的影响，谁（酒店）将承担成本以及谁（酒店）将获得利益。

（3）将成本和收益分类：将成本和收益分为直接的、间接的、有形的和无形的，以便清楚地确定它们的影响。

（4）项目成本和收益：评估成本和收益如何在项目 / 变更的生命周期中变化。因为所有计算都会受到持续时间的影响。

（5）把成本作为货币价值列出来。

（6）以货币价值的形式列出这些好处。

（7）使用净现值来调整未来的现金流和截至目前的成本花费。

（8）计算投资回收期。

（9）进行敏感性分析。

（10）评估结果。

（三）销售渠道策略和竞争优势

销售渠道策略是整个营销系统的重要组成部分，如何针对酒店产品和服务设计自己的销售渠道组合和比例，如何利用现代技术更好地进行产品分销，已经日益成为酒店营销工作的重点问题。竞争优势来源于酒店在酒店产品的设计、服务、市场营销及客户维护等创造价值的过程中所进行的许多相互关联的活动。销售渠道管理和间接渠道的分销活动是酒店市场营销的重要组成部分，间接渠道的选择和直接渠道的优化管理及其所执行的功能是产品价值链中的关键一环，成为酒店获得部分优势的重要来源。

竞争是酒店成败的核心所在，决定着酒店对其行为效率有所贡献的各项活动。因此，酒店必须针对决定产生竞争的各种影响因素，以建立一个有利可图和能够持久的优越的竞争地位即竞争优势，以便能够立足市场、战胜竞争对手。迈克尔·波特在《竞争优势》中论述，企业经营中存在两种基本类型的竞争优势，即成本领先和别具一格。成本领先是指一个企业因为在创造价值的生产经营活动过程中的成本费用低于其竞争对手而获得的优势。别具一格是企业在客户广泛重视的某些方面力求在本行业中独树一帜，也指生产经营过程中的独特性。企业通过其独具特色的生产经营活动，别出心裁地满足其顾客的需求，并获得溢价的报酬。

酒店各项成本控制的目的是以酒店收益最大化为目标。在竞争激烈而又微利的酒店业，成本管理的加强必然能带来经济效益的提升，从而为提高酒店竞争力、为利润最大化创造条件。

（四）全面成本管理体系

在基于竞争的战略思想指导下，一些酒店常常在“差异化”和“成本领先”战略之间选择其一，确立自身产品或服务在市场中的独特优势，以最大限度地占领市场份额。所谓的成本领先，并不仅仅意味着低成本运营，而是要求酒店管理者在成本管理上，有更系统、成熟的方式方法。从酒店成本的形成来看，涉及业务经营的各个环节、各个方面，甚至涉及每一个细小的管理和服务行为，所以要以系统、成套的制度，有效、规范的监督，来达到对生产经营全过程、全方位管理的目的。

酒店的全面成本管理体现成本管理中的“三全性”——全员、全面、全过程，从产品的生产管理组织流程每一个环节，每一个工艺、每一个部门、甚至产品制作现场每一个操作员工，都能参与到成本管理中；同时通过成本管理的科学性与全员参与改善的主动性，来达到经营层的要求同各级部门追求的一致性。推行全面成本管理不但要体现“三全性”，而且要将科学性、主动性、一致性融入其中。

因此，全面成本管理就是以成本管理的科学性为依据，建立由全员参与，包含业务管理全过程的、全面的成本管理体系，并汇集全员智慧，发挥全员主动性，让各部门全体员工自主改善，不断地降低成本，使管理层与各部门员工具有降低成本的一致性，谋求在最低成本状态下，进行经营管理与组织运作。

酒店应建立每月一次的成本分析会制度，来逐步引导酒店各级管理层来参与成本管理的全过程。首先，酒店财务对成本分析内容进行改进，从以往单纯的经营成本内容，扩展到酒店广义的成本项目内容，分析内容涵盖酒店全部成本费用，使酒店的成本管理内容更具全面性，酒店从餐饮成本到能源成本、人力成本、市场推广、经营性费用、维修支出、行政管理费支出，全面分析和阐述酒店各项成本，使各部门高度重视了酒店全面成本管理工作，同时也培养了各部门的全面成本管理和控制意识。

其次，酒店通过改变成本分析会的形式，从以往由财务部综合进行成本分析汇报改为每月各部门对本部门发生的成本费用开支情况也一一进行汇报，在月度成本分析会上各部门全面分析本部门当月的成本费用项目，通过分析会的形式来培养各部门对本部门重要管控点控制的能力，由此来引导酒店各级员工全员参与。酒店推行全面成本管理对提高酒店经营效益和综合竞争力具有重要的意义。

案例 5-1

数字营销渠道的投资回报率

你曾经做过电子邮件营销成本收益分析吗？它可以帮助你更好地理解电子邮件营销对酒店业务具有多大的价值和影响力。当酒店考虑销售渠道的选择时，进行相应的市场调研和成本分析是非常有意义的。

让我们先看看各种数字营销渠道的投资回报率（ROI）数字：

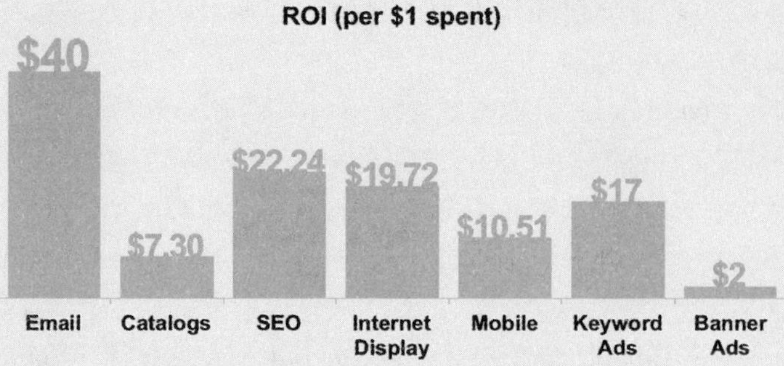

图 5-5　各种数字营销渠道的投资回报率

图片来源：trafficwave.net

这张图告诉我们，大多数数字营销渠道是有利可图的。当你进行电子邮件营销成本收益分析时，最大的问题是："我应该从我的电子邮件营销中期待什么样的回报？"任何企业都希望从 1 美元的电子邮件营销支出中获得 40 美元的回报。这并不意味着其他数字营销渠道是一个糟糕的选择。事实上，我们使用各种各样的数字营销。每一个渠道都指向我们的电子邮件营销和引导渠道。

如何为你的企业做成本效益分析？

其基本思想是计算带来新销售的价值和从现有客户那里获得重复业务的价值。举个例子说，如果你能够在一次新销售中创造 100 美元的利润，而你却需要花费 100 美元的广告和支持才能创造出新的销售，那么你便能够在这次销售中实现收支平衡。如果你花了 50 美元，投资回报率是 100%，如果同样的客户能够产生重复销售或推荐，那么你的投资回报率甚至会更好。

当谈到 TrafficWave.net 的新客户时，这个网站提供 30 天免费试用，消费者很快意识到任何新的销售都意味着难以置信的有利可图的投资回报率。该网站客户报告其电子邮件营销活动的投资回报率超过 1000%。

当你为自家酒店的电子邮件营销计算成本效益分析时，关键是计算你可以从平均新销售中预期的利润。这取决于你的商业模式、你的利润率、你的追加销售、你是否可以期待推荐或回头客等。

然后在 TrafficWave.net 网站上扣除你的电子邮件营销活动的费用，每月 17.95 美元。你的企业需要多少销售额才能从每月 17.95 美元的电子邮件营销支出中获得利润？

例如：Joe Marketer 在网上以 49 美元的价格销售产品。他每次销售的利润是 25 美元、扣除 17.95 美元（他的 TrafficWave 账户的成本）后，他的第一次销售利润是 7.05 美元（$25.00 – $17.95 = $7.05）。

当月的每一笔额外销售都增加了他的利润率，因为他现在在第一次销售后的每笔销售净赚 25 美元。

如果 Joe Marketer 在一个月里做了 10 次销售，他的利润是 232.05 美元（$250 – $17.95 = $232.05）！

当你像这样进行电子邮件营销的成本效益分析时，就很容易看到为什么这么多的企业对使用电子邮件营销来产生潜在客户、跟进和推动销售感到开心了。

（资料来源：Email Marketing Cost Benefit Analysis — Email Marketing（trafficwave.net））

二、大数据分析及预测消费者销售渠道的选择

在酒店的运营管理过程中，通过大数据提炼核心价值，让酒店运营困难无处可藏。但是无论是直销渠道、还是分销渠道，多网站查看客户点评，回复效率低，辨别客户真实情感和运营服务遇到很多实际困难，酒店集团、单体酒店对于有效进行数据分析及渠道的选择都是一个重要的课题。

（一）大数据分析在线酒店将推动酒店业供给侧数字化改革

根据国家统计局数据显示，2019 年我国国内游客为 60.1 万亿人次，旅游业已经逐步发展成大众刚需。疫情发生以前，在线酒店预订行业存在“三足鼎立”和“下沉市场集中”的发展特点。后疫情时代，在线酒店作为酒店业的数字化先驱，将担负起酒店业供给侧改革的数字化大旗。

1. 中国在线酒店预订趋向年轻化

根据 Trustdata 数据显示，中国在线酒店预订用户中 90 后占比超过 40%，80 后占比超过 30%，而 00 后用户占比已达一成。从整体来看，移动互联网对线上行业的促进使得中国在线酒店预订用户愈发趋向年轻化。

2. 中国在线酒店预订集中在下沉市场

2019 年我国在线酒店预订超过 60% 集中在三线及以下城市，而一、二线城市的在线酒店预订人数较少。造成此现象的主要原因是移动互联网消除信息不对称的力度在三线及其以下城市较大。随着中国三线及以下城市酒店消费需求持续增长升级，下沉市场仍有空间。

3. 中国在线酒店预订存在“三足鼎立”的现象

2019 年下半年中国在线酒店预订行业订单中美团一家占比约 52%，随后

是携程（携程、去哪儿）31.6% 和同程艺龙 9.5%，阿里的飞猪仅占 4.8%。从用户定位来看，美团更加偏向于年轻化，90 后用户占比超过 50%；而携程则更偏向于商务化，1980 年以前出生的用户占比超过 50%。

4. 疫情袭来，在线酒店预订“抱团取暖”，数字化持续推进

受疫情影响，旅游行业按下暂停键，全国多家景区关闭，顾客旅游出行计划取消或推迟，住酒店的需求受到抑制，在线酒店、旅行预订平台受到较大冲击，百程旅游网宣布破产，携程高管降薪自救；酒店、民宿经营者困难重重，成本不降，收入骤减。为求生存，酒店行业寻找资金支持迫在眉睫。

从政府方面来看，文化和旅游部发布《关于暂退部分旅游服务质量保证金支持旅行社应对经营困难的通知》向旅行社暂退部分旅游服务质量保证金；中国人民银行、财政部等五部委发布的《关于进一步强化金融支持防控新型冠状病毒感染肺炎疫情的通知》明确要求对住宿餐饮等困难行业不得盲目抽贷、断贷、压贷。

从企业角度来看，携程启动“旅游复兴 V 计划”，联合百余目的地、万家品牌共同投入 10 亿元复苏基金；美团启动“春风行动”推出安心餐厅、安心住酒店、安心玩景区等服务，10 亿补贴助力酒店旅游业复工复产、增收提效；同程艺龙“方舟联盟”。利用 VR 技术开启“云旅行”向所有加入“方舟联盟”的旅游目的地免费提供旅游推广服务。

图 5-6　疫情对酒店业影响巨大，这是疫情之下空旷的迈阿密海滩和酒店

疫情对经济领域最根本的影响在于大规模人口流动的戛然而止，根植于人口流动的酒店旅游业必然受到重创。但是可以看到，旅游的需求并没有被完全扼杀，由各大企业发起的线上直播、“云旅游”数字体验、预售等活动依然人气爆棚。从这个角度来看，疫情反而推动了企业的数字化进程。更大的

影响还在于消费者的心理层面。疫情本身带来的危害使得每个人更加注重健康。居家隔离的日子，能通过线上完成的交易绝不线下实现，消费行为的所有环节尽量“无接触”，因此再一次推动了互联网的大发展。整体来看，尤其是在疫情之后，整个社会都更多地认识到数字经济、数字技术的价值，在线酒店预订行业将持续助推酒店业完成供给侧数字化改革。

（二）分销策略、渠道组合

分销是建立可行商业模式的关键元素之一。事实上，分销使酒店产品能够提供给潜在的客户群体；它可以是直接的，也可以是间接的，可以利用多种渠道来实现增长。找到正确的分销组合也意味着在直接和间接渠道之间取得平衡。在制定分销策略时，平衡速度和控制很重要。利用这些渠道来推动酒店业务发展，从长远来看，要优先考虑那些能够让酒店生存下去并使其商业模式稳固的渠道。

在任何时候，酒店企业都可以利用开放和封闭的策略来增强和创建生态系统，使酒店企业能够蓬勃发展。简而言之，像万豪、洲际、希尔顿这样的大型酒店集团设法创造平行生态系统，相对稳定的客户群体是这些集团公司商业模式成功的基础和关键。这些酒店企业的营业额只是生态系统的冰山一角，而生态系统往往难以控制。互联网为这些公司提供了众多发行商、开发者和客户的途径。也就是说，当一个企业创造了利润，建立了一个强大的分销平台，就会吸引其他关键合作者参与到生态系统的发展中来。

酒店的渠道及其在各种分销渠道中各自的贡献，是酒店的收益健康发展和多样化的标志。这取决于酒店的位置、品牌、销售组合和各种其他因素。让我们来讨论一下什么样的分销渠道构成了渠道组合，如何构建它，如何划分以及如何转移它。

上一节我们讲述了酒店行业渠道的类型如下：网站、OTA、直销、GDS、CRS/ 电话等。当酒店在分解每一个渠道时，它们都有被需要的理由。一个良好的渠道组合就像一个分层蛋糕，基础层是直销，主要包括商务旅行和团队业务。蛋糕的下一层来自酒店的官网，这通常是销售渠道中成本最低的。随着时间的推移，通过酒店的努力运营，忠诚的客人可以在未来预订中使用这种渠道。

最后一层包括 OTA、GDS、CRS/ 电话。其中网站、OTA、GDS 的结合被认为是在线渠道。许多酒店努力将 OTA 业务转移到网站上，以减少佣金。任何一家酒店的直销渠道都不可能在市场营销上达到 OTA 的曝光度，所以在线旅行社需要被很好地加以利用。然而过度依赖在线旅行社也是有可能的。例如单体酒店，缺乏营销团队，OTA 是一个很重要的销售补充。

一个平衡的销售渠道组合不会在一个领域中过于偏重。每个酒店和市场都不一样。单体酒店将不同于品牌连锁酒店；延长住宿酒店（酒店公寓）、有限服务酒店不同于全服务酒店；拥有更多会议空间的酒店与没有会议空间或空间有限的酒店也有所不同。我们之所以会去优化渠道组合的比例，主要是来源于一些大型酒店集团（希尔顿、万豪、洲际）的日常运营做法。让我们以一家有限服务的品牌连锁酒店为基准进行分析，如图 5-7 所示。

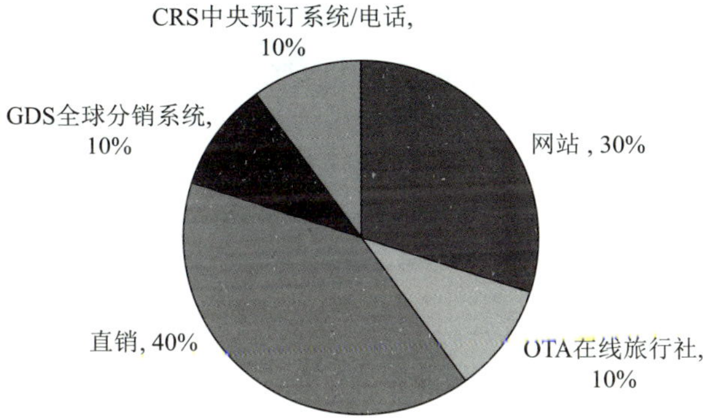

图 5-7 酒店渠道组合比例分配示例

延长住宿酒店（酒店公寓），希望客人能比一般的酒店拥有更多的长住宿，主要依赖酒店的直销。全服务酒店取决于其会议室空间和其餐饮收益策略。单体或精品酒店由于缺乏品牌认知度和忠诚度计划，其网站贡献率较低，而 OTA 贡献率较高。

为了营销和收益最大化，跟踪渠道非常重要。例如，如果酒店的主要预订渠道是美团，那么需要对预订代理提供特定的电话培训，雇用额外的呼叫中心代理，开展特定的活动或投资你的电话、电子邮件营销技术。

案例 5-2

Kalibri Labs 渠道组合报告

根据 Kalibri Labs 的一项研究，其计算了自从 2018 年 8 月后 12 个月的酒店渠道组合。该研究的样本量选自一个 33000 家酒店的数据库，不包括单体酒店。

请问大家从数据统计中能看出哪些渠道组合的趋势？

Kalibri 完整的行业报告可以通过他们的图书直销活动 Book Direct Special Report 2 — Kalibri Labs | Revenue Strategy | Next-Gen Hotel

Benchmarking | Real Estate Investment Reports 在线索取。它对直接预订与在线旅行社预订的 ROI 和预订成本趋势进行了细分。

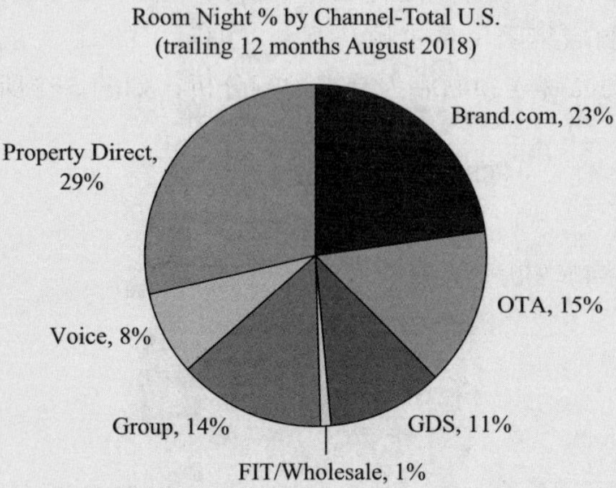

图 5-8　全美酒店渠道组合（2018 年 8 月—2019 年 8 月）

点评：Cogwheel Marketing 从报告的数据中推断出以下几点：

此次报告能够将团队（Group）从酒店直销（Property Direct）中分离出来，这是一些普通品牌报告无法做到的。如果把这两个类别加在一起是 43%，这与我们常说的直销占比的预估是一致的。

这些酒店在 brand.com 的占比略低于我们预估的水平。这可能有以下几个原因：（1）在 Kalibri 的报告中，较弱的品牌拉低了对 brand.com 的平均贡献率（Cogwheel Marketing 主要与万豪、希尔顿、洲际和凯悦酒店集团合作）。（2）全服务酒店通常会在 Property Direct 直销和 Group 团队中看到更高的份额，从而降低 brand.com 的贡献率。（3）重点关注电子商务和数字营销的酒店在 brand.com 上表现得更好。

（资料来源：What is a good channel mix for a hotel? — Kalibri Labs | Revenue Strategy | Next-Gen Hotel Benchmarking | Real Estate Investment Reports）

（三）销售渠道的发展态势

按照渠道房价和销量两个重要指标交叉分析，酒店销售渠道呈以下发展态势：

1. 提升自有预订系统和会员

酒店对自有预订渠道的控制更强、成本更低，可以直接了解顾客的消费行为。酒店开展会员营销有利于沉淀稳定、忠诚的用户群体，该渠道客单价相对较高，亦可以直接了解其消费行为。未来酒店将加大投入成本，大力发展。

2. 维持 OTA 和协议客户的产量

OTA 利用网络优势为酒店分销，帮助酒店（特别是新开业的酒店和二、三线城市的酒店）实现快速的跨地域销售，为酒店输送稳定、优质的客户群体，但该渠道以佣金模式结算，渠道成本较高。协议客户为酒店带来大量、稳定的客源，但客单价比较低，维护成本高。以上两大渠道为酒店贡献间夜量较大，未来酒店将持续维护发展。

3. 控制旅行社和新型模式的使用度

旅行社客源量大，但受季节影响大，客单价过低。新型模式帮助酒店消化剩余客房，提高出租率，但酒店获得的利润较低，客源不稳定，是一种补充性渠道。以上两种渠道的客单价和贡献间夜量皆比较小，未来酒店将逐步降低使用度。

4. 整合长短租，拓展营销渠道，提高出租率及经济效益

整合长短租可以提高酒店的租金效益。对于酒店而言，首先要做的便是招租工作，不管顾客是长租还是短租，减少客房的空置时间是增加租金收益的最佳方法；其次是室内的生活设施一定要置办齐全，使客户有一种居家的感觉，这样才能提高酒店的出租率，进而提高酒店的经济效益。

综上所述，酒店销售渠道战略是指酒店企业为了提高经济效益而制定的一系列发展与管理的指导方针与实施对策，实施渠道战略能为酒店企业拓展市场。渠道的竞争是各企业间竞争的重要策略与手段，能够为企业提升经济效益。因此，酒店企业应不断提升主动推广能力，不断创新推广手段，从而拓展营销渠道，最终实现经济效益的增长。

三、网络点评的分析与管理

网络占评和反馈可以成就酒店的美誉度，也可以毁掉酒店的声誉。在进行酒店预订之前，大多数潜在客户会看一看酒店的网络评价。为了保持酒店的评价分数或提高其品牌声誉，无论是积极的评论还是消极的评论，酒店都必须重视并定期回应反馈。

通过及时反馈网络点评，酒店可以向顾客表明关心并认可他们的意见。当客人看到酒店经常给予回复，就更有可能对他们的体验给出反馈，这可以帮助酒店改善客户体验不足的方面。此外，当潜在客人看到负面的评论，并

注意到酒店真诚的道歉，以及专业地处理了投诉，他们更有可能将负面评论视为例外。很多酒店都非常重视对负面评论的回复和处理，一定要给予反馈，感谢客人给予的评论和提出的改进意见，并确保这样的问题不会再次发生。

（一）网络点评的分析

实时监控国内外主流 OTA 点评数据，按照观点维度和点评时间进行分类管理，周期性监控得分变化趋势，分析点评来源和客人出行目的，辅助酒店渠道营销。

点评管理：实时监控并展示国内外主流点评渠道宾客的点评内容。

点评分析：进行多维度深度分析与整理点评数据，及时获悉客人反馈。

竞争分析：掌握酒店与竞争对手的各项数据，知己知彼，有效提高点评得分。

回复分析：24 小时内回复点评，提高宾客满意度，是直接有效的酒店营销窗口。

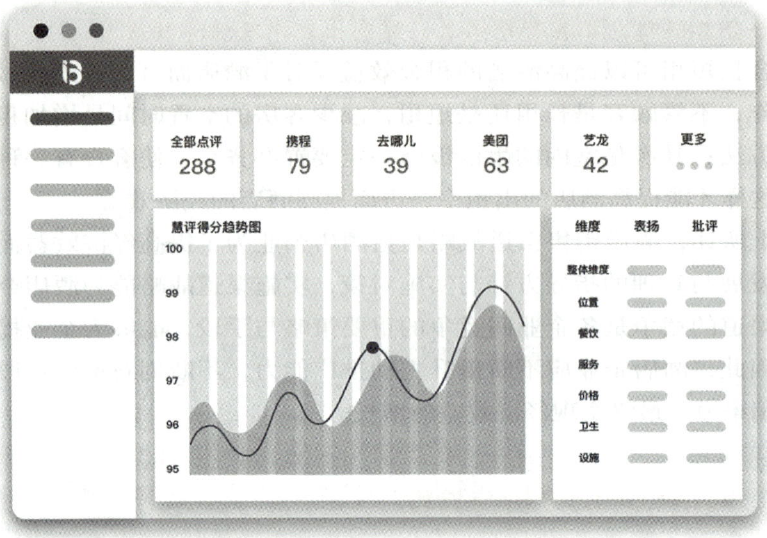

图 5-9　点评数据管理后台

1. 利用社交媒体，激发酒店潜力

社交媒体是新时代接触客人的一个好方法，在使用这些数字工具时，为了保持渠道管理的一致性和组织性，制定渠道组合策略是非常明智的。

首先，根据酒店的住宿类型和潜在客人的喜好，酒店选择关注一些平台。比如，微博、微信、淘宝是酒店销售的热门平台。如果酒店已经在使用该平台，或者正在考虑将其作为自己的推广工具之一，那么社交媒体已成为酒店经营和管理者的必杀技。

选择平台后，需要制定一个时间表，规定酒店将在什么时候发布什么类型的照片、视频、直播或者其他动态更新。在网络上分享促销内容有无数种选择，有些酒店采用 AI 技术进行在线选房、发布酒店照片和视频，酒店所在的区域或者酒店附近的活动等。有些酒店采用微电影、短视频介绍员工，或分享会员客人的评价。当然，有影响力的人已经在许多社交媒体平台上占据了舞台，刺激大众对酒店的需求，通过邀请酒店目标市场上拥有强大客户影响力的博主，显著增加客户需求。

2. 利基市场营销

利基营销理论（Niche Marketing）又称缝隙营销战略、补缺战略、狭缝市场营销。确定利基市场的方法是把市场细分再细分，或确定一组有区别的为特定的利益组合在一起的少数人。一些酒店为避免在市场上与强大竞争对手发生正面冲突，而采取一种利用营销者自身特有的条件，选择由于各种原因被强大企业忽略的小块市场（称“利基市场”或“补缺基点”）作为其专门的服务对象，对该市场的各种实际需求全力予以满足，以达到牢固地占领该市场的营销策略。利基（市场）营销是个人与大众（市场）营销相对的概念，适宜于中小企业。也就是说，这是一种企业灵活运用的穿插策略，利用市场竞争的空隙“见缝插针”，培养自己的产品优势和营销市场的营销策略。

将酒店与竞争对手区别开来的方法有很多。专注于利基市场的专业化是吸引与该地区其他酒店不同的目标客户的好方法。此外，吸引特定人群可以提供新的增加收入的方法，例如，通过提供专门针对这些客人的服务和产品。

正如目前有些酒店专注于吸引养老、亲子、社区服务、豪华旅行者或创建宠物友好型酒店，可以创造许多成功的机会。这类战略举措可以让一家酒店创造不同的产品，并吸引前所未有的目标市场。

3. 有效地应用科技

目前，酒店行业有各种各样的工具和系统可供使用。中央预订系统（CRS）是一个很好的预订工具，收益管理系统（RMS）可以显著增加酒店收益。现代技术可以使组织预订和管理收入等复杂任务变得更快、更有效、更容易为所有员工理解。

当酒店在非必要的方面应用过多技术时，就会破坏人与人之间的互动，而不是提高整体的客人体验。酒店应谨慎选择科学技术和数字化设备，避免过度依赖，以创造最佳的平衡，使酒店在促进人际互动的同时高效运行。

（二）专注质检管理和口碑管理，重塑宾客入住体验

1. 质检管理

以客户体验为依据，设定运营部门考核目标；按服务维度提供标准运营质检体系和评分，帮助酒店及时发现运营短板，助力酒店运营管理。

整体表现：直观酒店标准维度表现、客户观点对比以及观点趋势，发现分析具体问题。

竞争分析：竞争对手与酒店各维度好评率变化分析和排名对比，对整体措施进行效果评估。

部门质检：制定部门运营质检体系和评分标准，横向对比分析，量化考核。

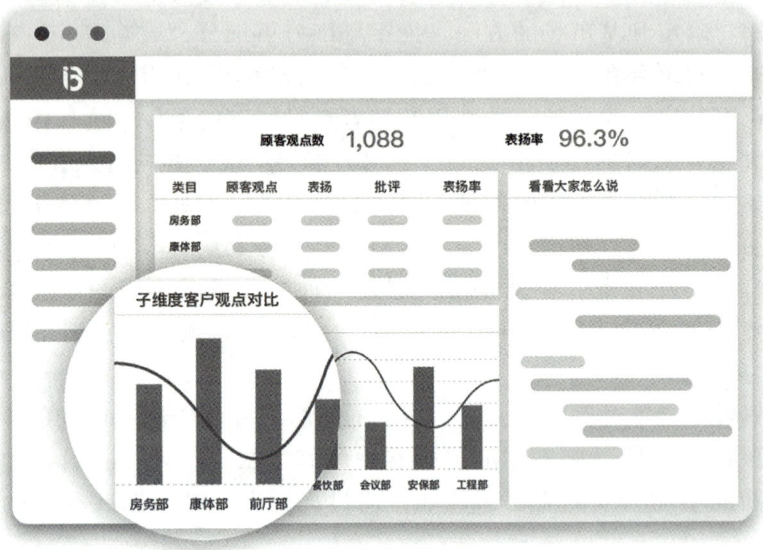

图 5-10　质检管理数据分析

2. 品牌管理

专注酒店口碑管理多应用于酒店在线品牌管理平台及社会媒体点评分析平台，通过先进的智能语义分析与理解技术，整合全球主流点评网站用户行为数据和酒店住中、住后经营数据。将点评化身为酒店直销利器，通过全网点评监控、一站式点评回复客户关怀、点评观点拆分情感分析、竞争对手点评追踪数据对比、观点维度分类质检评分、部门质检管理服务优化，进而改善酒店顾客满意度并提高收入，为酒店提供多维度的分析报告，从而提高酒店数据化运营能力。

点评数据化：使用先进的语义分析技术，细分相关维度，精准地洞察客人的真实情感，深度挖掘点评价值。

品牌提升可视化：直观呈现酒店品牌的表现，为酒店营销策略的制定提供有效依据。

竞争对手差异化：通过点评追踪，洞悉竞争对手维度的优、劣势，利用大数据及人工智能技术，挖掘酒店独特的卖点，提高酒店的品质。

运营精细化：一站式管理网络点评，收集住店客人的反馈；量化质检考核，设定多维度持续质检，及时发现运营短板，提高核心竞争力。

很多酒店集团统一管理运营，全面监控多品牌子酒店网评信息。集团架构灵活设置，门店点评数据一站式监控；设定 OTA 得分提升目标，随时查看完成进度，过程和进展一目了然；多维度全方位、标准化考核，量化点评数据，统一质检评估标准。还有很多酒店在官网增加“宾客点评”页面及酒店口碑关键数据，展示客户满意度指数、顾客体验全息图等信息，全方位展示酒店特色，加速客户决策，进而增加官网销量。

总之，酒店的渠道管理是收益管理计划的重要组成部分。确保酒店在网络上有足够的曝光度，进而通过直销和间接渠道推广其产品和价值目标。目前，分销渠道拥有强大的营销力量，他们把酒店展示在许多其无法直接接触到的消费者面前，有些客人后期很有可能发展成为忠实客户，进而采用直接预订。对于尚未关注渠道组合的酒店，应将其纳入酒店的管理层分析中。整体而言，收益经理通常不会将渠道组合视为一个数据点。如果酒店想改变任何一个渠道的贡献，就必须是收益管理、市场营销和销售之间的集体努力。而且不会在一夜之间改变，需要几个月的战略讨论才能产生影响。多样化的渠道对于酒店来说至关重要，这样才能最大化地促成潜在的销售。通过多样化的渠道，酒店可以接触大量的客户。在需要推动预订的淡季，拥有多种渠道是有益的。同时，成功的渠道管理的关键是拥有正确的渠道组合并正确地管理它们。

思考与练习

一、选择题

1. 直接销售渠道管理的内容不包括（　　）。

A. 酒店预订系统　　B. 前台散客

C. 协议客户　　D. 旅行社

2. GDS 主要的服务客户群体是（　）。

A. A 端 / 运营商　　B. B 端 / 企业用户

C. C 端 / 个人用户　　D. G 端 / 政府

3. 酒店集团开展连锁业务最为重要的、基础的、核心的平台是（　）。

A. CRS　　B. PMS　　C. CMS　　D. RMS

二、判断题

1. 酒店业务对 OTA 而言是重要的盈利渠道。（　）

2. 团购、尾房等可以帮助酒店吸引到最后一分钟客人，消化酒店的剩余客房，是一种补充性渠道。（　）

3. 酒店基本竞争战略只有两种，成本领先战略与差异化战略。（　）

三、简述题

1. 什么是酒店的销售渠道？

2. 酒店的全面成本管理体现在哪些方面？

3. 酒店如何做好网评管理？

四、案例分析题

黄河酒店是一家政务接待酒店，临近景区，环境优美，素有“森林氧吧”之称。采用的销售渠道有酒店官网、协议客户、旅行社，主要目标客户群体是政务接待和游客。由于近年来政务接待和游客预订大幅下降，该酒店面临着经营困境。

酒店迅速调整其经营策略，将客户群体拓展为政务接待、会务、休闲度假客人，市场销售部通过微信小程序、抖音等社交媒体、OTA，调整其销售渠道的组合，并聘请专人管理网络在线营销和酒店小程序的推销。

基于上面黄河酒店的渠道调整，你认为酒店渠道选择是否符合目前市场的变化，目前的渠道组合是否会有良好的销售效果？如果你是市场销售部的总监，你会采用怎样的渠道组合来扭转现阶段的经营困境？请说明理由。

五、项目实训

分组调研本地三家酒店，梳理出各酒店销售渠道的种类和数量，思考三家酒店在选择分销渠道时有哪些异同，以及分析选择这些渠道的原因。

6 第六章 酒店客房的超额预订

本章导读

酒店经常面临着两种预订方式，即保证类预订和非保证类预订。通常顾客在预订酒店时都可以通过电话、网络等渠道进行非保证类预订。此时酒店处于弱势的一方，当顾客取消预订时不用付出任何成本，但酒店在没有征得顾客同意的情况下却不能取消预订。这造成了酒店经常要面对的一种现实，客房被预订了很多，但总有一些顾客因为一些客观原因无法到达酒店，比如飞机延误、公司行程改变等，有些顾客会记得通知酒店，但有些顾客往往忘记或疏忽了，没能通知酒店。这种情况会给酒店带来不必要的损失，因此为了应对这种对于个别顾客是随机事件，但是对于酒店往往是确定事件，为了减少收益的损失，超额预订方法被创造出来并应用于酒店的收益管理策略。本章将从探讨超额预订的原因开始，提出超额预订的概念及其适用的情形；第二节将针对这一情形提出具体实施的应对策略。由于超额预订存在着一定的风险，本章在第三章提出了替代方法作为超额预订策略的有益补充。

学习目标

1. 了解酒店超额预订的原因；
2. 能够掌握酒店客房超额预订的概念；
3. 了解酒店客房超额预订的适用情况；
4. 能够使用简易计算方法确定超额；

思维导图

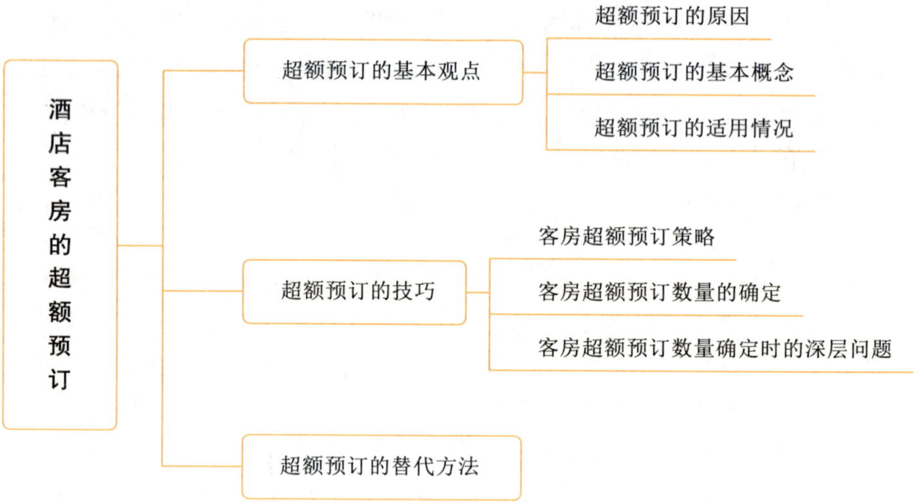

进入学习之前，我们先看一段案例。

案例 6–1

某家拥有 300 间客房的酒店根据历史数据资料表明，一年 52 个星期中，该酒店有 45 个星期二的客房入住率为 95%，38 个星期三的客房入住率为 96%，25 个星期四的客房入住率为 95%，20 个星期一的客房入住率为 96%。以上日期里的客房入住率距离 100% 如此之近，酒店只要多出售 12 至 15 间客房，就可以实现 100% 的入住率。

该酒店的销售总监召开了收益管理分析会议，经过讨论研究发现，在上述日子里，酒店的预订率都是 100%，但最后客房入住率却没有实现 100%，因为一些客人没有来住、推迟来住，或者临时取消了订房，等等，这样，这一年给酒店带来的损失就会达到 500 000 元！详情请见表 6–1。

表 6–1　某酒店 2019 年客房收入应住满未住满的损失统计

	星期一	星期二	星期三	星期四
平均客房入住率	96%	95%	96%	95%
平均损失的客房入住率	4%	5%	4%	5%
平均每周客房空置数量（间）	12	15	12	15
一年客房空置周数	22	45	38	25
一年客房空置数量（间）	264	675	456	375
旺季时的平均房价（元）	266	292	283	276
损失的客房收入（元）	770 353	197 100	129 048	103 500
一年损失的客房收入合计（元）	500 001			

考虑到客房的变动成本比较低，那么损失的 50 万元收入已经近似于酒店的净营业利润了。而且如果类似的情况不断地出现，10 年的损失就将是 500 万元；如果是连锁酒店管理公司旗下的几十家酒店都出现类似的情况，将是十分可怕的收入损失。那么酒店应该采取什么措施弥补这个漏洞呢？其中最有效的措施之一就是实施超额预订策略。

第一节　超额预订的基本观点

超额预订一般用于酒店的收益管理策略，以抵消酒店预期会出现的一些取消和未按约定入住的预订。换言之，如果预计有 2 间客房会取消预订，1 间客房的顾客会未按约定入住，如果酒店什么都不做，那么就会损失 3 间客房的收入。这是实现收入最大化的机会点。尽管这个想法很简单，但并不是所有酒店经营者并不愿意花费精力致力于减少这些损失。事实上，大多数管理者（尤其是中层管理者）在酒店某一天达到 100% 入住率之前就关闭了所有的订房渠道。在大多数情况下，这一决定是由于一旦出现超额预订，管理者会担心一旦预订的顾客都到达了从而不知道如何处理这一问题的恐惧导致的。

这是一个遗憾，因为正确实施的超额预订做法最大限度地减少了实际入住率无法达到 100% 的可能，同时显著增加了收入（以及利润）。实际上，管理者不需要有很多收益管理经验或知识就能轻易地实现这个目标。

本章将介绍一些超额预订技术和技巧，这些技术可用于在市场高需求时期推动收入增长。

一、超额预订的原因

本节先从收益实践更早的航空业引入。在美国航空业的早期，航空公司采取的策略是已经预订了机票的顾客在飞机起飞前的任何时候取消预订或者未到，都不需要支付任何费用；如果已经购买了机票的顾客，没有乘坐该航班或使用该机票，那么，机票仍可以用来乘坐将来的航班或全额退换成现金，同样不需要支付任何费用。这一政策，给航空公司的运营带来巨大损失。这意味着一架有 200 个座位的航班，假设市场需求远远大于 200 个座位，航空公司也对预订了这 200 个座位的顾客进行了提前确认。然而，问题出现在飞机起飞时仍然有可能有 15% 的顾客无故未到或取消了这次旅行。飞机只好载着 170 位顾客和 30 个空座位飞行，而令人遗憾的是还有不少顾客因这架航班机票已经售罄而没能订到座位。直到到 20 世纪 60 年代，航空公司才开始重视和被允许使用超额预订策略，用来增加飞机的承载率，以此来减少因飞机座位空置而产生的损失，促使超额预订产生的主要原因正是顾客预订未到（即 No-Show）所导致的。现如今，无论在国际上还是在中国，民航业对 No-Show 客人都会收取票面价格一定比例的手续费来弥补发生的损失，比如在携程网预订 2022 年 8 月份上海到青岛的机票，票价为人民币 707 元（不含机建和燃油费），同时规定了退订费、同舱改期费和签转条件，具体金额见图 6-1 数据。所以，到目前为止，超额预订策略是航空业提高承载率的最有效措施之一。

		2022年07月28日06:35前	2022年08月01日06:35前	2022年08月03日06:35前	2022年08月04日04:35前	2022年08月04日06:35前	2022年08月04日06:35后
旅游专享套餐	套餐退订费	¥142/人	¥213/人	¥284/人	¥355/人	¥497/人	¥707/人
	同舱改期费	¥71/人	¥142/人	¥213/人	¥284/人	¥426/人	¥707/人
	签转条件	不得签转					
备注	不提供免费餐食，航班取消或延误可免费变更至春秋后续航班或按非自愿退票办理。此外，春秋航空不承诺提供其他任何形式补偿。						
*携程不加收任何退改服务费，具体费用按产品提供方规定收取							

图 6-1　携程网对某个时间上海到青岛机票的退订费、改期费等的规定[①]

只要当有限能力的销售商销售的产品数量多于其能提供（或认为能提供）的产品数量时，超额预订的策略才会被实施。销售企业这种看似“不义”的举动，是为了规避一些无法预料的损失，这些损失是由不到和退订带来的，同时也是为了给另外一些消费者购买商品的“机会”。这种情况同样在酒店反复出现，因此酒店根据自身的特点也在不断借鉴航空公司的超额预订策略。

导致预订未到发生的原因主要有以下三个方面：一是外在环境因素的影响造成顾客的预订未到。如：恶劣的天气和拥堵的交通可能会导致顾客无法准时抵达酒店；二是顾客自身内在因素的原因。如：顾客在出发当日计划行程发生改变、突发疾病或选择了其他酒店都是产生预订未到的原因；三是重复预订和虚假预订所造成的预订未到的现象。而虚假预订则是有些竞争对手为了获得更多入住率，所预订的客房超出其实际需求量，从而导致预订未到。还有一些其他随机发生的事件，也会导致预订未到的产生。

二、超额预订的基本概念

超额预订（Overbooking）是指酒店在自身可售客房已经订满的情况下，再适当增加订房数量的客房销售方法。某家酒店拥有 300 间客房，其中有 200 间客房已经住了客人，剩余 100 间空房可以用于出售，但该酒店实际接受了 115 间订房，比实际的空房多预订了 15 间，即该酒店进行了超额预订，超额

① 携程官网，https：//www.ctrip.com

预订了 15 间客房。

三、超额预订的适用情况

超额预订作为销售商提高潜在收益的一项重要策略，并非仅适用于航空业和酒店业，还可以适用于其他行业，这些行业具有以下特征：

1. 提供的产品（或服务）数量有限并且其产品（或服务）具有易逝性；

2. 允许顾客提前预订，并且允许顾客取消预订和预订未到；

3. 当出现过度超额预订情况时，拒绝为已预订顾客提供服务的成本较低，没有不可挽回的损失。

从以上行业特征可以看出，汽车租赁等行业也是适合于使用超额预订策略的，因为它们的产品和服务属性完全符合以上特征。但并不是所有酒店都适用于超额预订策略，比如位于旅游景区的度假型酒店一般不适于超额预订策略，因为景区通常距市区较远，交通成本很高，位于景区的酒店数量相比市区的酒店数量会少很多。在市场需求旺季，经常会出现每家酒店都满房的情况。此时，如果出现过度超额预订，就很难为被超额预订的顾客找到可替代的酒店入住，从而给酒店带来难以估量的后续成本支出；再加上到景区来的游客很可能购买了次日的其他服务，如果耽误了行程，后续损失更是难以补偿。例如，利用五一假期出游的新婚夫妇已经预先购买了第二天进景区观光旅游的巴士票，而在此期间的观光票非常紧张，假期的票已经全部出售。如果酒店因过度超额预订而耽误了这对夫妇的行程，那么游客的损失是难以补偿的，因为他们没有时间等到假期以后再来观光旅游。

还有一些行业的产品虽然符合以上特征，但也不使用超额预订策略，这是因为如果出现过度超额预订，后续的损失难以补偿，有些甚至是无法弥补的。譬如，一场重要的演唱会或体育比赛，如果因为过度超额预订而拒绝了部分已经购票观众的观看，都可能会给影剧院和体育比赛场所带来难以弥补的损失。所以，对影剧院和体育比赛场所而言，重要的演出或体育比赛都不使用超额预订策略，旅行社一般也不使用超额预订。

表 6-2 中列举了超额预订在一些行业的应用情况。从表中可以看出，民航、酒店、汽车租赁和航空货运等行业最适合采用超额预订，因为它们不但具有以上三个特征，并且面临着预订取消和 No-Show 带来的潜在损失。而旅行社、游艇、位于景区的度假型酒店、演唱会和体育比赛等尽管也符合以上特征，但一般不使用超额预订。

表 6-2　不同行业中超额预订的应用

行业	超额预订的重要性	对过度超额预订段客的赔偿
航空客运	非常高	补偿及安排下一航班
酒店	高	安排其他同档次或更高档次的酒店住宿，通常没有额外补偿
汽车租赁	高	等待或安排其他租赁公司的汽车
航空货运	高	安排下一航班并进行适当补偿
旅行社	低	不使用超额预订
游艇	低	不使用超额预订
景区度假型酒店	低	不使用超额预订
演唱会和体育比赛	低	只对不重要的演出或比赛采用少量超额预订

第二节　超额预订的技巧

一、客房超额预订策略

超额预订策略的确定，通常遵循以下三个方面的原则。一些实施超额预订策略的酒店会遵循其中的某一项策略，有的酒店也会将以下方法混合起来运用。

（1）基于有限的供应能力和预期不到情况，通过无故不到和预订取消率来计算超额预订的数量。

（2）基于风险策略，通过准确估计拒绝顾客而发生的成本，比较成本和潜在的收益，从而确定超额预订水平。这一策略主要是运用对期望收益和期望成本计算方法来最终确定超额预订的数量。

（3）基于服务标准策略，设定一个管理目标，如设定被拒绝顾客为每 6000 人不超过 1 人。

酒店通常会采用第一种策略来进行超额预订，因为这一策略更符合酒店的实际情况，而且简单易懂，便于掌握。即使在没有收益管理系统的帮助下，通过人工计算也能够方便地操作。而收益管理系统除运用第一种策略外，也会在系统设置中运用第二或第三种策略。因为系统可通过对复杂数学模型的运算，来更加准确地分析和比较超额预订期望收益和期望超额预订成本的发生情况，从而选择最优的超额预订方案。鉴于第一种超额预订策略在酒店日常经营中经常使用，本章将着重讨论这一策略的运用。

二、客房超额预订数量的确定

客房超额预订的难点在于如何尽可能地准确估计出超额预订数量，以使超额预订损失和空房损失之和达到最小。由于酒店在日常经营中除了部分顾客直接订房外，还有部分顾客是通过代理商来订房的。因此，在进行超额预订量的计算时既要考虑酒店客人直接订房的要素，同时也要考虑代理商订房的超额预订情况，把二者有机地结合起来，才能最大限度地减少空房的损失，避免过度超额预订的发生。客房超额预订数量的确定常用的有以下三种方法，即经验估算法、简易计算法和最小期望值损失法。

1. 经验估算法

经验估算法是指酒店管理者依照国际惯例或行业经验值来估算超额预订数量的一种方法。经验估算法因具有通俗易懂、操作简单、花费时间短和所需数据量小等特点被广泛应用于酒店业。其优点是不需要收集大量的历史经营数据进行分析，而是依据酒店超额预订历史数据、管理者经验和行业经验值来综合估算客房超额预订数量。缺点是估算的精准度一般不高，可能导致少量客房闲置或者过度超发生。通常，由于新开业的酒店缺少历史经营数据，管理人员也缺乏对酒店市场环境的了解，所以多采用经验估算法来确定超额预订数量。

按照国际酒店的行业管理经验，客房超额预订数量一般为预订总量的5%~15%。这个经验值一般只作为酒店管理者在估算超额预订数量时参考使用，但由于每一家酒店的经营环境（如市场环境、需求强度、预订模式、客源结构以及客房数量等）不同，应用经验估算法所得到的结果也会存在一定的差异，因为这些经营环境因素对超额预订数量的确定将会产生较大的影响。因此，酒店管理者在制定超额预订策略时要因地制宜，结合本酒店的具体情况来综合考虑，避免因生搬硬套经验数据而忽视酒店的具体情况，从而给酒店带来不必要的损失。

2. 简易计算法

简易计算法是根据酒店超额预订理论，通过建立简易数学模型来计算超额预订数量的一种方法。简易计算法的优点在于通过建立数学模型，使超额预订数量的计算结果更加准确，最大限度地减少房间闲置和过度超额预订情况的发生。这种方法要求酒店平常注意收集和整理影响超额预订相关要素的数据，如酒店可供出租房间总数、续住客房数、预订取消率、预订未到率（即 No-Show 率），预期离店客房数，提前退房率，以及延期住客率等，以便在运用简易计算法计算超额预订数量时使用。

假设，用 O 表示客房超额预订数量，T 表示酒店可供出租客房总数，C 表示酒店续住客房数量，r_1 表示预订取消率，r_2 表示预订未到率，D 表示预期离店的数量，f 表示提前退房率，k 表示延期住店率，则根据客房超额预订原理得到以下公式：

$$O=(T-C+O)\times r_1+(T-C+O)\times r_2+C\times f-D\times k \tag{6-1}$$

由上式推导可得，

$$O=\frac{(T-C)\times(r_1+r_2)+C\times f-D\times k}{1-(r_1-r_2)} \tag{6-2}$$

假设超额订房率为 F，

则：

$$F=\frac{O}{T-C}\times 100\% \tag{6-3}$$

为便于理解，以下举例说明。

案例 6-2

某酒店有客房 500 间，未来某一天的续住客房为 300 间，预期离店客房数为 100 间；经过预测，得知该酒店当天的预订取消率为 7%，预订未到率为 4%，提前退房率为 3%，延期住店率为 5%，请问该酒店这一天应该超额订房的数量是多少？超额预订率是多少？这一天的预订限额为多少？

解：根据题中的已知条件，$T=500$（间）；$C=300$（间）；$D=100$（间）；$r_1=7\%$，$r_2=4\%$，$f=3\%$，$k=5\%$。

（1）求超额订房数量。将已知条件代入公式（6-2）可得：

$$O=\frac{(T-C)\times(r_1+r_2)+C\times f-D\times k}{1-(r_1-r_2)}$$

$$=\frac{(500-300)\times(7\%+4\%)+300\times 3\%-100\times 5\%}{1-(7\%-4\%)}\approx 29\text{（间）}$$

（2）求超额预订率 F，代入（6–3）可得：

$$F=\frac{O}{T-C}\times 100\%=\frac{29}{500-300}\times 100\%=14.5\%$$

（3）求预订限额，假设预订限额用 Q 表示，

则有：

$$Q=T-C+0=500-300+29=229\text{（间）}$$

答：该酒店在这一天超额订房的数量应为 29 间，超额预订率为 14.5%，预订限额为 229 间。

3. 最小期望值损失法

最小期望值损失法是指酒店在综合考虑直接超额预订策略和代理商超额预订策略的基础上，通过建立较为复杂的数学模型进行运算，对在超额预订中可能发生的包括过度超额预订在内的各类成本支出进行分析比较，从中选择出使酒店支付成本最小的期望值作为最佳超额预订方案的一种方法。由于该方法需要建立复杂的数学模型，对专业技能要求较高，而且通过人工计算显得非常困难，所以常被用于收益管理系统中，很少用于人工条件下的计算，故在此不做详细介绍。

尽管我们可以利用公式来对超额预订数量进行计算，但计算结果有时也会存在一定的偏差，这是因为市场环境和顾客消费行为的变化存在随机性。因此，大多数情况下，酒店每隔一段时间，需要对预警超额预订数量与实际发生的情况进行比较分析，对存在的误差进行及时修订。在误差修订中，一般会考虑以下两个方面的影响。一是预订取消率、预订未到率、提前退房率以及延期住店率等因素的影响。由于这些因素通常会受到内外部市场环境的变化而发生改变，因此，每隔一段时间需要对这些影响因素进行修订，使其与市场现象和顾客的预订行为相吻合。二是一些特殊市场事件的发生也可能导致超额预订数量发生变化。如天气的变化、促销活动、展会以及体育赛事等，都会对超额预订数量的确定产生直接影响，因为在特殊的市场时期，供需关系的变化将会给顾客的预订行为带来改变。例如，在展会期间，酒店的市场需求会显著增加，甚至还可能出现一房难求的局面。在此情况下，顾客的预订取消率和预订未到率通常都会下降，这就需要酒店适当减少超额预订数量，避免过度超额预订的情况发生。而遇到恶劣的天气，对交通会产生较大的影响，从而导致顾客的预订取消率、预订未到率和延住率会上升。此时，酒店可适当提高超额预订数量，以最大限度地减少空房损失。

三、客房超额预订数量确定时的深层问题

虽然超额预订的概念在 1971 年就被 Rothstein 提出了，无论是航空业还是酒店业都在不断积极地探索超额预订的应用，但有些酒店行业人士依旧强烈反对将超额预订作为一种经营策略，因为超额预订困难重重。

超额预订的主要困难在于以下几个方面。

1. 预测的准确度问题

如上一小节所述，超额预订是为了抵消取消预订和预订未到（No-Show）对于酒店盈利的影响。但由于顾客的随机性，取消预订可以发生在任何时间点，从抵达前 56 周开始（临时预订的标准允许提前期），直到取消截止日期结束。而且，很多时候取消是发生在最后一天。因此，为酒店的准确预测取消预订和预订未到的数量带来了很大的困难。

为了应对这种情况，酒店可以采取两种单独的超额预订技术，一种是解决取消问题，另一种是解决预订未到问题。后者很简单，用历史数据计算出最后一天预计的预订未到和超额预订的房间数。

但是对于取消预订，酒店需要借用信息系统或人工大量的时间跟踪和计算超额预订量。

案例 6-3

假设某酒店正在计划今年 7 月 4 日的超额预订策略。当酒店查看去年当天的绩效报告时，发现总共有 15 次取消，但并没有描述在什么时间点客房被取消的。

因此，酒店超额预订出去了 15 间客房，那么酒店很可能会面临“预订同一间客房的顾客都到达了酒店”这一情况。仅仅计算要超卖的房间总数是不够的。

酒店需要建立一个模型，用以描述到达日期之前任何时间点的潜在取消预测数量。这个模型将构建出与到达前天数相关的预测取消数量。从一个简单的 Excel 电子表格开始，预测的潜在取消房间数可以计算为过去类似天数的实际取消房间数的平均值。

因此，预测取消房间数的数据如下表：

表 6-3　某酒店预测取消房间的数据

日期	1.1	1.2	1.3	1.4	1.5	1.6	1.7	1.8	1.9
距离到达的时间（天）	9	8	7	6	5	4	3	2	1
预测取消预订数量累计（间）	0	1	1	2	2	3	4	4	5

上面的表格显示了到顾客到达前 1 到 10 天预计取消预订的数量，因此酒店能够在 10 天内超额预订 5 间客房，第二天或第三天会取消 1 间，第四天或第五天会取消 1 间，第六天取消 1 间，第七天或第八天取消 1 间，第九天会取消 1 间。根据上表，取消预订不是在同一时间点发生的，而是在 10 天内累计 5 间客房，如果酒店的实际取消预订节奏和预测的节奏是吻合的，酒店可以大胆地进行超额预订，但实际上酒店需要根据实际取消预订情况不断地调整超额预订数量，因为一旦第五天取消预订没有发生，而这个时候酒店已经对 1 月 10 日的客房超额预订了 5 间的时候，那么发生顾客到店后没有客房住的风险将加大。

2. 部门的配合度

超额预订不仅仅是收益管理部门的工作，同时也是前厅部、销售经理的工作内容之一。因为，首先，哪些顾客的预订房间要得到保障是由销售经理甚至销售总监或总经理来判断的，即使这些预订也会产生取消或未出现等情况，从而为酒店带来损失，但这些损失要比顾客出现没有房间住的损失要小得多。这些顾客主要指的是酒店 VIP 客户。其次，酒店前厅部是否有完善的流程应对顾客出现没有房间入住的情况时的投诉。最后，酒店的员工是否有能力安抚预订到店而没有客房入住的顾客，并能够找到相对应档次的酒店安排顾客入住，这些都是对酒店综合能力的考验。因为超额预订往往发生在当地的旅游旺季，旅游旺季当地的酒店如果都采取了超额预订策略，那么寻找一间空房将是一件很困难的事情。

正是基于这些方面的原因，很多酒店在没有做好准备之前都是很慎重地对待超额预订策略的使用。本书针对这情况也提出了超额预订的替代方法。

第三节　超额预订的替代方法

虽然超额预订能够为酒店在旺季带来巨大的潜在收益，但顾客并不喜欢超额预订。他们讨厌半夜的时候疲惫不堪地到了酒店后，却被告知酒店由于各种原因不能入住了，只得坐巴士或出租车拖着一件件行李去几公里外的另一家酒店。同样对于供应商，尤其是具体的执行员工也不喜欢超额预订。因为它不仅招致顾客的不满，而且还是造成地勤人员、前台人员和所有需要告诉顾客被拒绝服务的人员持续压力的根源。酒店的前台接待人员似乎感觉到，超额预订的唯一目的就是让他们的工作变得更加困难。因此，收益管理者需要花费相当多的时间来解释为什么要进行超额预订以及它带来的经济利益。

在这种环境下，酒店应该积极寻求管理不确定性的其他方法。不确定性的本质在于允许顾客退订和预订未到。以下是航空公司使用的几种方法，酒店可以借鉴。

（1）驱赶策略（bumping strategy）。如果对后来预订的乘客收取很高的票价，航空公司就可能采取驱赶策略，也就是说，如果有一些意想不到的高票价需求出现时，航空公司会采取超额预订，其目的是拒载那些买低票价的乘客，以便把座位腾出来让给买高票价的乘客。只有当乘客登机获得的收益超过“驱赶”低价乘客造成的损失时（包括所有的罚金和可能引发的不满意成本），采用驱赶策略才有意义。酒店在制定价格时，可以借鉴驱赶策略，对于越临近的预订采取更少的折扣，即更高的价格进行销售，并通过超额预订弥补客房可能会产生的空置情况。

（2）最后一分钟折扣。历史上，航空预订的票价随着离港时间的靠近而趋于上升，这是因为航空公司了解到，后期预订的乘客比早期预订的乘客对价格的敏感度低。然而，越来越多的航空公司开始使用最后一分钟超高折扣来出售即将闲置的座位。比如专门为即将离港的飞机出售高折扣机票。为了限制“反噬”（即已经预订的顾客取消高价格的预订而重新预订低价格的房间），很多航空公司、酒店和汽车租赁公司仅通过隐蔽（“不透明”）渠道提供最后一分钟折扣，如古典音乐会和歌剧在所有座位都卖完的情况下，常常以很高的折扣出售站票。酒店对于这个方法的使用还是很谨慎的。

（3）对退订和预订未到收取“罚金”。很多航空公司、酒店和汽车租赁公司对退订和预订未到的顾客收取“罚金”。“罚金”金额从票价的 10% 甚至到票价的 100%，即完全不可退票。“罚金”的形式对于酒店来说就是对于保证类预订设置退订的障碍。

每种方法都有缺陷。对退订和预订未到的客人收取罚金，看似是解决超额预订问题的一个明显方法。因为罚金减少了退订人数和预订未到的客人人数，也同样减少了航空公司的收益风险。然而，有两点需要说明。首先，收取退订“罚金”的航空公司，只要面临大量的退订和拒载，就有超额预订的动机。一家不退票的航空公司，可能仍然面临 10% 或更多的晚退订和预订未到的客人。在这种情况下，航空公司仍然通过超额预订来增加收益。其次，对于航空公司来说，向退订和预订未到的客人收取罚金通常不太容易。对于旅客出行计划不太确定的乘客，能在不支付罚金情况下退订或改变航班对他们来说很重要。对退订收取罚金的政策，可能导致将这部分乘客转到不收取罚金的竞争者对手那里。

思考与练习

一、选择题

1. 超额预订方法是根据对临时被取消的预订房间数、预订后没有客人来入住的房间数、因客人提前离店而空出来的客房的间数、因客人推迟退房而减少的房间数等的预测，确定需要超出饭店容量多少预订多少间客房，其目的是（　）。

A. 最优化地利用饭店的客房，实现收入最大化

B. 最大限度利用饭店的客房

C. 最大限度利用饭店的容量，实现利润最大化

D. 最大限度利用饭店的容量，防止客房空置

二、简答题

1. 请简述超额预订的原因。

2. 请简述超额预订的适用情况。

3. 超额预订策略的实施通常需要遵循哪些原则？

4. 请简述超额预订数量确定的方法及其优缺点。

7 第七章 收益管理的其他策略

本章导读

根据酒店收益管理的主流策略包含了动态定价、渠道管理、容量控制和超额预订，但随着互联网的发展、客房差异化的应用、收益管理的系统化，一些的新的策略不断应用到收益管理策略中来，比如在线评论的管理，当酒店在第三方平台的评价分数（五分制）提升1分（如从3.3分提升到4.3分）时，该酒店可提价11.2%而维持相同的入住率或市场份额；酒店前台通过升级销售策略调整酒店某一类房型的容量，等等。因此，了解和掌握这些技能将有助于酒店不断地健全收益管理策略，进而提高酒店的收益。

学习目标

1. 了解酒店线上口碑与出租率的关系；
2. 能够通过口碑提升酒店产品的复购率；
3. 能够使用升级销售方法促进客房的销售。

思维导图

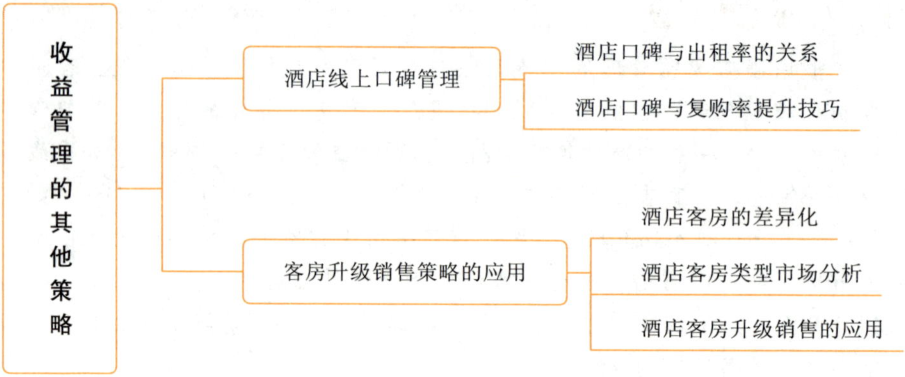

被称为“中国收益管理传教士”的上海鸿鹊信息科技有限公司创始人、CEO 胡质健先生，在 2018 年的一次培训中提出了酒店实施收益管理的十六个痛点问题。这些问题包括：

表 7-1 酒店收益管理的十六个痛点

序号	问题	导致的结果
1	没有做到价格一致	直客流失到间接渠道
2	不懂得动态定价	该高的时候不高，该低的时候不低
3	不懂得控制预订进度	客房太早销售一空，或销售得太慢，某些天满房太早，连住的客人订不到房，导致满房前后日期出租率和收入减少
4	不懂得做升级销售	豪华房、套房等常常空置或免费升级
5	不懂得做超额预订和增加满房天数	不懂得削峰补谷和用旺季补淡季
6	连住客人占比太低	不懂得设计吸引连住客人的产品，没有连住优惠
7	不懂得优化客源结构	低价细分市场占比太大
8	直接销售渠道占比太低	间接销售渠道占比太大，不懂得如何把 OTA 客转化为直客
9	不懂得促销	淡季除了打价格战，没有别的办法，没有考虑渠道、产品、细分市场
10	不懂得整体收益最大化	客房、餐饮、会议、宴会、康乐等的定价和营销，各自为政，缺乏整体的配合和协调，不懂得打组合牌，不懂得争取酒店整体收益最大化
11	酒店团队的管理策略错误	团队价格没有随散客价的变动而变动，不懂得根据预测来预设每天团队间夜数和价格的目标，不懂得团队置换分析
12	不懂线上营销渠道管理	官网、APP、微信等营销渠道不健全；OTA 策略错误；MICE 电商平台没有用好
13	不懂得对公司协议账户进行精细化管理	不懂得分析，提高单产；不懂得通过房型控制提价
14	客房、餐饮、会议、宴会、康乐等没有预测习惯	不懂得通过客房出租率、住店人数等预测客流量和收入，并以此为基础进行排班、备料、促销，做好开源节流
15	不懂得建立忠诚顾客奖励计划	没有发展会员，回头客太少
16	缺乏工具和数据	太多时间和人力浪费在手工搜集、整理数据，很少有时间研究市场和策略。

从中可以看到，建立忠诚顾客奖励计划，直接销售渠道的建立也是酒店进行收益管理的重要构成部分，尤其是 OTA 渠道对于酒店企业的销售变得越

来越重要之际，酒店如何实现突围，建立自己的渠道？同时，自媒体为酒店应对这一问题也带来了一些机遇。

第一节　酒店线上口碑管理

近年来随着经济的发展，居民收入水平的提高，互联网旅游在促进旅游行业发展的同时，也推动着酒店行业大步向前，2020 年中国在线住宿市场交易规模突破 3000 亿元人民币。其中，其中在线酒店预订板块贡献占比达 95.8%。

互联网催生下的 OTA 平台不仅为顾客提供了酒店预订入口，还为顾客提供“吐槽”渠道。在线分享入住体验逐渐成为顾客的习惯，酒店管理者也日益意识到顾客在线点评的重要性。根据住客的在线点评，酒店管理者可以反思自身所提供的对客服务，预测顾客需求，精准调整当前营销策略，以塑造酒店口碑、提升宾客满意度。

2019 年，全球经济下行、中美关系变化等国际环境对我国境内经济有较大的影响。而作为改善性消费，国民选择减少旅游出行频次和费用。在此大环境下，OTA 平台间的竞争也日益加剧，并且开始另谋出路。携程通过出海和下沉三四线城市来应对；飞猪借助阿里大平台和大数据的优势，联合众多酒店成立“新旅游联盟”。在不同的策略下，在线旅游行业呈现了新的机会点。中国互联网络信息中心（CNNIC）在京发布第 45 次《中国互联网络发展状况统计报告》显示，截至 2020 年 3 月，我国在线旅行预订用户规模达 3.73 亿，较 2018 底减少 3705 万，占网民整体的 41.3%。

在传统媒体时代，从酒店角度出发对商品和服务的单向信息传播，容易产生信息不对称，使得顾客做选择时所使用的信息量较小。为了尽可能克服这种信息不对称，人们需要评估不同的变量、利用不同的信息源来做出选择。因此，基于顾客自身体验的网络口碑对购买决策具有重要影响。越来越多的酒店已经认识到网络口碑的巨大影响力，积极探索如何利用网络口碑影响力开展口碑营销，并通过网友的反馈了解自身产品和服务的优劣势，从而提升酒店收益。

一、酒店口碑与出租率的关系

网络点评的口碑传播效果并非由单一因素决定，网站知名度、口碑传播方向、产品自身性质、点评极端性等因素都会对口碑传播效果产生影响。其中，在类似于酒店这种服务类消费中，由于其产品具有无形性等特征，购买酒店产品被顾客认为是高风险的行为。因此，参考群体评价的情感因素是决策过程中的一个重要方面。而口碑传播（正面口碑与负面口碑）、有用性投票（多少位真实住客认为此评论有用）以及口碑情绪（强烈情绪与普通情绪）三个变量被认为对顾客的预订酒店客房决策有重要影响。

网络的匿名性，低廉的沟通成本促使顾客自由地发表自己的真实经历或想法；网络口碑的传播范围和速度也是传统口碑传播无法匹敌的，后者多以语言形态为载体且只能依靠个人之间点对点、一对一的传播，而前者则是在公开的群体层面进行点对面、一对多的传播，载体丰富多样，语音、文字、图片、视频都可以是网络口碑的形式。再者，传统口碑往往需要人们口口相传，这也限定了其传播范围只能是比较熟悉的亲朋好友之间，口碑的可信度与有用性非常之高，但是网络口碑沟通双方的弱连结关系、网络点评者的匿名性以及网络谣言的泛滥都影响到网络口碑的可信度。酒店和旅游业的产品及服务是无形的，在消费之前难以衡量；住宿服务行业的同质性扩大了决策制定的不确定性，人们往往需要从多种信息渠道获取酒店的信息并综合多种因素以更谨慎的态度做出预订决策。

根据 TripAdvisor 的统计，96% 的网站预订者在计划旅程和预订酒店时会看网络评价，83% 的网站预订者在选择酒店时通常或经常参照网络评价的意见，超过一半的网络预订者在预订酒店时不会选择那些没有网络评价的酒店，

因此，获取更多、质量更高的网络评价是酒店的重要工作之一。酒店应该有专人负责酒店的网络预订客人，从预订平台的管理、预订信息的准确性、前台接待的高质量服务、客房等其他区域的高质量服务、离店客人的跟踪等等地方入手，提高顾客的满意度，并形成积极的网络评价，从而带动酒店销售业绩的提升。

本书建议酒店管理者投入一定的精力和物力致力于提高自身的网络评价，原因或网络评价的价值如下：

（1）通过网络评价的反馈，能够帮助酒店提高自身的经营，也可以成为酒店绩效考核或第三方评价的一个重要措施；

（2）通过网络评价的反馈，能够帮助酒店及时发现自身的问题（尤其是分析出网络评分数较低的原因），从而修复这些问题；

（3）通过网络评价，可以帮助酒店提升自身的曝光率，从而带来更多的浏览量；

（4）通过良好的网络评价管理，可以增加酒店的顾客忠诚度，并增加酒

店的竞争力。

二、酒店口碑与复购率提升技巧

酒店的口碑与复购率的提升是一项系统的工作，一般来说酒店的口碑与复购率是呈现正相关的关系，但具体到每家酒店的情况也不尽相同，因此，酒店要对自身酒店口碑与复购率的提升效果进行不断地总结和评估，及时发现问题并改正不足。酒店可以从以下几个方面入手提升酒店的口碑。

1. 增加老顾客的好评数量

根据一些第三方平台对酒店网络评价评分的计算方法，老顾客的好评对酒店好评分计算的权重比新顾客的更大。如果酒店想要快速提高自身的评分，就要多注意老顾客的留言次数和留言质量。

所以，酒店在抓好评分时，一定要注意老顾客是否有订房，且结账离店后是否留有好评，这样酒店才能尽快提升其好评。

2. 顾客评价观点与质量

客人的留言内容体现了酒店产品、服务的综合接待水平，也是酒店综合服务质量的体现。但是，很多客人即使对酒店的服务很满意，在留言时要么点 5 颗星星，要么直接选用标签。

这样的好评虽然本质上也是好评，但是在好评分计算的规则中它的权重很小，没有那些有具体文字描述酒店住宿美好体验留言的好评计算权重大。

举例来说，同样是五星好评：A 好评：五星，标签："服务热情、卫生干净"，"交通方便"，再无其他文字描述。B 好评：五星，无标签，留言内容：前台的小姐姐特别热情，一进大堂给我递毛巾和茶水；还有房间真心蛮干净的，用这样的价格住这样的房间，性价比真的非常高。

以上两个好评，B 好评的评分计算权重就比 A 好评的要高。所以，酒店在引导客人给好评时，尽量引导客人多说几句自己的真实体验，而不仅仅是打个五分好评。

还有的客人对于满分的要求比较苛刻，虽然内容描述得很好，但并不会给到五分或五星的分数，因此酒店在顾客结账离店或者回访时要着重去引导。

当然在入住过程中，如何发挥酒店各个部门员工的积极性，为顾客创造更好的体验感，给顾客以表扬酒店的理由和机会也是很重要的。所以口碑的管理不仅仅是预订部、前厅部员工的工作，而是所有酒店员工共同的工作。

3. 老顾客的评价数量

老顾客的累积评价数量，也是酒店评分计算权重占比较大的一个指标。

老顾客多，说明酒店客源流失比较少，客人对酒店产品和综合服务的满意度比较高，酒店的信誉品质比较高，而且酒店切客的情况比较少。

4. 老顾客评价的观点与质量

老顾客的留言观点对酒店的口碑打造很重要。通常情况下，老顾客会主动给酒店留好评，但留言时又不知道说些什么，要么直接复制别人的好评，要么就给五颗星。而这样的好评，基本可以视为无效好评。

有效的好评一定要有新观点（用文字描述住宿体验），不管是老顾客还是新顾客，酒店要引导客人在留言中尽量多一些文字描述，最好有图片（9 张最佳）。这样的好评，评分的计算权重会更大。

同等质量的好评，老顾客好评分的计算权重要大于新顾客。客人的会员等级越高，好评分计算权重也越大。

5. 客人档案完善程度

如前描述，客人对酒店的服务是满意的，但是又不知道说些什么来表扬酒店。遇到这种情况，酒店可能会认为：客人嫌麻烦，或者客人的文采不行，或者客人懒于去写什么评论。

其实，酒店应该多反思，对于入住酒店的客人，酒店员工或管理层是否真正的了解客人？比如，是否了解这个客人一年能来几次？或者这个客人上次来住是什么时候？或者这个客人喜欢什么样的房间？或者这个客人的生日是哪天？等等。只有当酒店对客人越了解，才能更容易找到和客人沟通的话题，才能找到客人的潜在需求，才能给到客人满意的甚至超值的体验。

因此，不断地和客人沟通，才是酒店维护客源、获取好评的最佳方法。酒店要尽快建立和完善客人的档案，对客人的消费特点进行记录。其实，客人的相关信息在酒店管理系统中都有留存，我们要做的就是把这些信息用好，让所有的信息都能为酒店提高收益、提高好评率服务。

6. 老顾客档案的定期整理

酒店应定期对客人档案进行整理，将近期消费次数减少或较长时间不来消费的老顾客挑选出来，安排员工在合适的时机向这些客人发送祝福信息，告知他们酒店最新的优惠活动，唤醒他们再来消费的欲望或了解他们不来酒店消费的原因。

以上六条建议就是针对酒店如何使用网络口碑提升自身的顾客回购率的方法，酒店可以结合自身特点，灵活运用，增加顾客的黏性，以获得更多的忠诚顾客。

第二节　客房升级销售策略的应用

客房作为酒店的核心产品，除了营销渠道、动态价格体系以及置换分析等收益管理策略方法的使用以外，还需要客房、销售和前厅等部门的配合共同实现酒店收益最大化策略。对于客房部来说，应在硬件或软件方面保证房间的差异化；对于销售部来说客房类型销售状况的分析能够为动态定价策略的实施提供一些参考价值；对于前厅来说，他们是收益管理策略某些工作的实施者，他们更应该了解收益管理的重要性，并通过客房升级销售（即 Up-selling）等方法帮助酒店提高收益。

一、酒店客房的差异化

在本书第三章中，可以看到酒店差异化定价对于提升酒店收益的重要性，而酒店差异化定价的基础是产品的差异化以及应对淡旺季不同的需求状态。其中酒店客房的差异化尤为重要，因为它提高酒店的市场竞争力，为酒店客房价格差异化提供依据。通过热门房型销售在 OTA 产生更多曝光率，吸引更多流量。不同客房的价格差异也为投诉处理增加了一种方法，为酒店客房升级销售奠定了基础。

客房是酒店的主要产品，根据其物理特性和使用价值的不同，客房可分为不同类型，如标准客房、豪华客房、套房以及总统套房等。另外，还可以把物理特征和使用价值相同的客房根据顾客心理需要的不同进行细分，例如，把同样大小的客房根据楼层的高低、风景的不同以及窗户或门的朝向进行细分。

1. 客房常见类型

标准客房。通常拥有一个独立卫生间、一张大床或两张双人床，另外还有沙发、办公桌和椅子、茶几、电视机、组合柜等。通常面积为 25~50 平方米。

豪华客房。设施与标准客房相似，不同的是面积较大，通常在 35~60 平方米，装修更高档，设备和设施更先进，楼层比较高，相对更安静，风景和朝向更好。另外，酒店还通常免费提供更多、更高级的易耗品，如免费的茶叶、咖啡、巧克力等。

标准套房。通常是一个标准客房外加一个起居室，面积相当于一个半至两个标准客房的面积。

豪华套房。设施与标准套房相似，不同的是面积更大，装修更高档，设施更高档，免费提供的易耗品更多、更高级。

总统套房。通常相当于好几个豪华套房的大小。卧室、卫生间的设施一般十分高档，除主卧室外，总统套房还有随员卧室、起居室、会客室、小型会议室、娱乐室、酒吧或餐厅、厨房等。

带厨房的长住套房。与标准套房相似。不同的是多了一间小厨房或厨房区域，有关厨房设施准备充足，可供客人自行烹饪时使用。

同一类型的客房还可以根据床的特点来细分。例如设有两张双人床（2m × 1.5m）的标准双人床房间，或一张双人床和一张单人床的双人床房间。这两种类型的房间可以方便家庭使用。如果这类客房面积足够大，还可以增设一张可移动的加床，供第三位客人使用。标准套房同样可以细分为拥有两张双人床的标准套房和拥有一张大床的套房。此外，有的套房的客厅使用沙发床（Sofa Bed），不打算睡觉时是沙发，晚上睡觉时把沙发展开来，铺上床上用品就变成了一个床铺。

2. 不同类型客房数量的确定

根据市场的需要合理确定各类房间的数量和比例，对收益管理具有重要意义。在一般情况下，以商务客为主的酒店，拥有一张大床的房间的数量和比例通常比接待团体客和旅游度假客为主的酒店要多些，这是因为大多数商务客价格敏感度相对较低，也喜欢一个人住一个房间，通常不愿意同别人共用一个房间。而团队客人和旅游度假客人通常为了节约费用或者因为带有家庭成员，需要共用一间客房，希望这个房间拥有两张床，可以供 2~4 人休息。可见，拥有一张床的房间数量和拥有两张床的房间数量是由酒店的目标市场及其细分市场决定的。

另外，由于大多数酒店按照房间数而不是按照床位数来收费，房间数目多，酒店就多些机会增加收入。只有一张床的房间比有两张床的房间占地建筑面积小，如果只有一张床的房间数量很多，当酒店的建筑面积固定时，房间的数目会更多，那么如果酒店的客源以商务客人为主，酒店的收入自然比拥有两张床的房间数量多的时候获取的收益高。

如果酒店拥有双人床的房间和一张大床的房间数量比例不符合它所在的客源市场的情况，就会给酒店的收益管理工作带来困难。例如，一家酒店共有 260 间客房，但是连同套房在内，它只有 20 间客房拥有两张床。由于该酒店的客源以商务客为主，从星期日到星期四的住房率很高，大多数客人是一个人住一个房间的商务客，因此对拥有两张床的房间需求不高。但是，到了星期五、星期六和节假日，商务客减少，而休闲度假的散客和旅行团，举办婚宴、生日派对和其他私人活动的需求增加，酒店为了提高周末和节假日的客房出租率，想了很多办法获取这部分业务，但是没有多少成效，其中一个主要原因是该酒店拥有两个床的房间数量太少，不能满足上述客人对这类房间的需要。解决方法之一就是酒店选择好莱坞床，能够根据市场或客源变化调整房间的类型。

套房的数量和比例也要符合市场的需要。一间套房通常至少占用两个标准客房的面积。所以，从建造的成本来看，一间套房的造价接近两间标准房的造价。由于套房的价格较高，市场的需求量相对要低，所以，套房的数量不能太多。在决定套房的数量和比例时，要结合酒店客源的构成来考虑，要研究有多少客人需要套房。

总之，酒店需要研究客源市场的构成以确定提供什么类型的客房，以及不同类型客房的数量和比例。拥有不同类型的客房，有助于拉开价格的档次，满足更多客人的需要，提高酒店的市场占有率、平均房价和收入。这是由于客人不同的支付能力和不同的需要所决定的。有的客人支付能力较强，他们对酒店客房的价格不太敏感，但对房间规格的要求比较高。相反，有的客人支付能力较弱，对房价很敏感，但对房间的规格要求不太高。同时满足他们的需要是最好的，也是最保险的做法（因为如果只做对价格敏感客人的生意，酒店的利润率将不高。如果只做对价格不敏感客人的生意，酒店的利润率虽然高，但是也许客源不足）。所以，如果酒店想同时最大限度获得这些客户，必须能至少同时提供两类产品和两种价格。一类是较为普通的产品，以较低的价格卖给对价格敏感的客人；另一类是较为高档的产品，以较高的价格卖给对价格不敏感或不太敏感的客人。这样，酒店将既有充足的客源，又因平均房价提高而得到更高的利润率。

3. 价格差异的其他客房特征

上述不同类型的客房产品的差异是看得见、摸得着的，因此，建立在其基础上的不同价格很容易为市场理解和接受。但是，还有一些从社会心理学的角度来看是有差异的，但却容易被忽略的客房特性。酒店可以利用这些特性，拉开价格差异，提高客房营业收入。举例来说，客人对客房的选择除了要能满足其基本的生理层次的需求，如休息和睡眠外，往往还要能满足其社交和自尊的更高层次的需要，如社会地位、身份或精神享受的需要。虽然豪华套房和标准客房都能满足休息和睡眠的需要，但是客人支付更高的价格选择豪华套房，主要原因也许是展现地位和身份。在同一类客房产品中，如果其中的一些产品能更好地满足客人精神层面的需要，对客人来说就更有价值和吸引力，客人甚至愿意多付钱以获得这样的产品。例如，一对到海边来度假的情侣很可能希望住到一间处于较高楼层，并能看到大海景色的房间。因为在较高的楼层能使他们更好地享受安静的环境，并有更好的视野，大海的景致能使他们的旅行变得更温馨浪漫。如果这种房间的数量有限而客人需求很大，酒店收益管理就可以利用客房的特征（如其朝向和景观）来确定房价，而有需要的客人——如这对情侣很可能愿意多付一些钱以获得这样一个海景房。可见，酒店是能够利用客房类似的特征来拉开产品的价格差距，从而获得更多收入的。当然，这些特性是在酒店建设和设计时就应当考虑的，一旦酒店建成，客房的这些特性就难以更改了。所以，在酒店设计建造时，如果对酒店的选址、朝向、楼层、房间的布局等考虑得比较周全，就比较容易实施收益管理的策略。

综上所述，酒店要善于根据细分市场的需要，合理分配不同类型的客房的比例，提供具有不同物理特征的客房产品，以尽量满足各细分市场的需求。另外，在制定价格时，还要善于从社会心理学的角度来理解客人对产品价值的认知。如果酒店收益管理人员能把握客人对产品价值的理解上的差异，就可利用它来拉开产品的价格档次，为酒店赚取更多收入。

二、酒店客房类型市场分析

酒店的房间一旦建成，修改其类型的成本就会非常高，有的时候甚至房间要重新装修才能实现。而市场在 5 到 7 年（一次装修后维持的时长）很有可能会由于各种原因发生变化，顾客对于某种类型的房间的偏好随之发生变化。酒店在接受预订的时候要记录拒绝订单的数量及原因，而很多酒店这方面的数据通常是缺失的。拒绝订单的原因有可能是酒店房间已经订满，也有可能是酒店某种类型房间被订满，而顾客并不能接受其他类型的房间（可能是由于价格较高的原因），此时有的酒店甚至会关闭 OTA 等渠道中这类房型的预订。但这往往会导致酒店收益的损失。

假设某酒店在某月份的 1 日至 2 日分别拒绝了一些订单，具体数量和房型见表 7-2。从表 7-2 中可以看到，该酒店合计拒绝了 10 个订单，共计 14 间夜的房量，按照 200 元的平均房价计算，这两天酒店将失去 2800 元的收入。这种计算还只是拒绝的电话预订的间夜数，并不包含 OTA 等网络客人在浏览网页时发现酒店满房而无法预订的间夜数的统计。

表 7-2　某酒店某月 1-2 日拒单详情

预订时间	订单详情		拒绝订单的原因
	预订间夜	预订的房型	
*月 1 日	1	高级大床房	满房
*月 1 日	1	行政双床房	满房
*月 1 日	4	高级大床房	满房
*月 2 日	2	行政双床房	满房
*月 2 日	2	高级大床房	满房
*月 2 日	2	行政双床房	满房
*月 2 日	2	行政双床房	满房

按照部门经理提供的数据，整个月共计拒绝了 57 个订单，合计 89 间夜的房量，失去了 17800 元的收入。如果这些日期酒店真的满房了也还好，但是经过酒店进一步的挖掘数据，发现实际情况并不是这样的。

酒店进行进一步分析发现，将这个月整个月的拒单率进行了梳理，得出以下数据，见表 7-3。

表 7-3　某酒店某月整月份各房型的拒单率

高级双床房拒单率	40%
高级大床房拒单率	15%
行政大床房拒单率	1%
行政双床房拒单率	0%

从拒单率可以分析出，该酒店的行政双床房的拒单率最高，是这个月该酒店最受欢迎的房型，而高级双床房拒单率比较低，因此，针对这种情况，酒店可以采取以下措施减少拒单量，增加酒店整体收入。

（1）调整拒单率高的房型（也可称热销房型）的价格，甚至可以略高于竞争对手的同房型，但又不能比竞争对手高级的房价价格高；

（2）调低拒单率低的房型的价格，吸引一些愿意支付稍微高一点的价格来获得更好体验的顾客；

（3）也可采取拒单率低而且房型比热销房型的价格保持不变，但热销房型即使已经售罄也在外网进行销售，对于到店客人进行免费升级；

（4）在内部管理上，热销房型不能作为免费房或自用房使用。

不同的酒店也要根据自身的实际情况进行方案的实施，但总体原则是可以有某种房型拒单，但要尽可能地减少拒单。这就要求酒店不但要分析客房的整体或各个渠道的销售情况，还要分房型分析销售情况，并调整其价格及预订策略。

三、酒店客房升级销售的应用

客房升级销售是一种有效的增加收入的方法。客房升级销售分为免费升级和收费升级销售（Up-selling），酒店通过这种方式使顾客享受到更好的客房入住体验，或者调节需求使之与酒店的客房供应相吻合。例如，当酒店的普通双床房已经住满了，但当日高级双床房的需求疲软，这个时候酒店通常会将高级双床房以普通双床房的价格销售出去，以避免空房的情况。这种方法在酒店某种产品有额外需求的情况下，另一种产品有剩余可以发挥重要作用。这样的策略也可以推广到汽车出租、酒店、餐厅、豪华邮轮等行业。降级与升级相反，是把一个顾客从一个较高档的产品和服务降到低于此档次的产品或服务。有时通过降级的办法也可以调节需求，但是，由于降级有使顾客心理上不舒服的潜在问题，影响到他们的满意程度，所以较少使用。一个降级的例子是，某位顾客 A 订房需要套房，但酒店仅剩下一间标准客房，所以他只好要了这个标准客房。后来有客人取消了预订的套房，这时，如果酒店有预订记录的话，可以再告知顾客 A 是否可以修改预订获得套房，或者在顾客 A 入住时进行升级销售。

升级销售法是在房间类型差异化的基础上，提高高档客房的销售量，从而提高酒店客房总体收入的方法。升级销售法也是收益管理常用的一种提高收益的方法。升级销售就是在客房产品差异与客房价格差异化的基础上，尽量引导客人购买酒店中价格较高的高档客房。要以此达到提高酒店客房收入最大化的目的，关键在于如何才能把价格较高的客房产品销售出去。以下方法可以帮助酒店达到这个目的。

（1）合理确定套房、豪华客房以及普通客房的比例以及它们之间的价格差异，不同类型客房的比例要按照市场的需求情况来确定。不同类型客房之间的价格差异也要进行专门测试，也要适中，不能太大，也不能太小。

（2）暂停普通客房的销售，优先推销套房和豪华客房。当市场需求量旺盛时，酒店可选择适当的时机，暂停普通客房的销售，优先推销套房和豪华客房。当这两种客房销售所剩无几时，可提高普通客房的房价，开放普通客房的销售。

（3）以普通房价格销售部分套房或豪华房，降低客房空置率。当市场需求量不大，套房或豪华房还有剩余房间，而普通房预订不足时，可以拿出一部分无法售出的套房或豪华房以普通房的价格出售。对客人来说，以普通房的价格可以住到豪华房或套房，会增加顾客的满意度，同时这种办法能减少客房空置率。

（4）加强对预订部和前厅部员工销售技巧的培训。这些部门员工的销售技巧直接影响到各类客房的销售量和销售收入。他们应该掌握的销售技巧之一是报价时要从高往低报价，而且努力把价格高的客房销售出去。例如，当客人询问酒店的价格是多少时，他们应该介绍酒店最好的房间类型是豪华房，豪华房的好处以及价格等。如果客人不要订豪华房，再介绍普通房和普通房的价格。因为如果先介绍价格较低的普通房，没有听介绍价格较高的豪华房的情况，大部分客人就做出购买普通房的决定了。

另外，还要培养前台员工在客人入住时利用各种机会向客人介绍豪华房和套房，劝说他们从普通房转到豪华房或套房。例如，如果一位客人原来订的是普通房，他提前到达办理入住登记，但此时普通房还没有清洁好，需要等一个小时。如果此时豪华房有已经清洁好的空房，可以向客人介绍豪华房的好处，建议客人多付一百多元的差价住到豪华房。如果客人是公司付费，而且他要赶时间，不想等待，很可能他就会同意多付费入住豪华房。又如，如果一对夫妇带着两三个小孩入住，如果他们预订的是普通房，需要加床，就可以向他们介绍套房，因为套房比较宽敞，适合放加床，有较宽敞的地方供小孩玩耍，也方便他们照顾小孩，如果他们对价格比较敏感，可以对套房给予适当的折扣，他们很可能会同意住到套房。这些技巧其实不复杂，而且简单易学，长期坚持做下去，会收到很显著的效果。例如，一家酒店的前台人员经过培训后，利用这些技巧进行升级销售，一个月内平均每人为该酒店多增加了 3 000 元收入。如果按照年来计算，再乘以前台职员的人数，增加的收入是很可观的！需要提醒的是，为了提高预订中心员工和前台员工升级销售的积极性，酒店应该根据他们升级销售的业绩给予一定的奖励。这样，能促使他们在接受预订和办理入住登记时，多说几句话，多花几分钟，为酒店创造更多的价值。

思考与练习

一、选择题

1. 在特定的条件下，可以采取升档销售或降档销售的方法来提高饭店的收入。升档销售是限制低档且低价的产品的销售，把高档而高价的产品优先销售给顾客。降档销售则是在高档产品供不应求时，采取措施把低档和低价的产品优先销售给客人。从本质上来看，这两种方法都是通过（ ），使之与饭店的生产和供应能力相吻合。

A. 提高或降低顾客可能得到的产品的档次来操纵需求

B. 满足顾客需要得到的产品的档次来操纵需求

C. 提高或降低顾客的需求档次来操纵需求

D. 调整顾客可能得到的产品的数量来操纵需求

二、简答题

1. 请举例酒店口碑与复购率提升的 6 大技巧。

2. 请举例简述如何对客房进行差异化。